Utilize este código QR para se cadastrar de forma mais rápida:

Ou, se preferir, entre em:
www.moderna.com.br/ac/livroportal
e siga as instruções para ter acesso aos conteúdos exclusivos do
Portal e Livro Digital

CÓDIGO DE ACESSO:

A 00016 BUPALFA1E 2 58135

Faça apenas um cadastro. Ele será válido para:

BURITI Plus
ALFABETIZAÇÃO PORTUGUÊS 2

Da consciência fonológica e fonêmica
ao domínio da leitura e da escrita

Organizadora: Editora Moderna
Obra coletiva concebida, desenvolvida
e produzida pela Editora Moderna.

Editora Executiva:
Marisa Martins Sanchez

1ª edição

© Editora Moderna, 2021

Elaboração dos originais

Claudia Padovani
Bacharela em Letras pela Universidade de São Paulo. Editora.

Mariane Brandão
Bacharela em Biblioteconomia e Ciência da Informação e licenciada em Pedagogia pela Universidade de São Paulo. Especialista em A Moderna Educação: Metodologias, Tendências e Foco no Aluno pela Pontifícia Universidade Católica do Rio Grande do Sul. Autora e editora.

Thaís Síndice Fazenda Coelho
Mestranda em Psicologia Escolar e do Desenvolvimento Humano pelo Instituto de Psicologia da Universidade de São Paulo. Especialista em Alfabetização e em Educação para o Pensar pela Pontifícia Universidade Católica. Com 20 anos de experiência na Educação Básica, atualmente desenvolve programas de formação continuada para educadores e produz materiais didáticos.

Coordenação editorial: Claudia Padovani
Edição de texto: Claudia Padovani, Marisa Martins Sanchez
Edição de conteúdo digital: Acáccio Silva, Marisa Martins Sanchez
Assistência editorial: Magda Reis
Consultoria em neurociência: Elvira Souza Lima
Gerência de *design* e produção gráfica: Everson de Paula
Coordenação de produção: Patricia Costa
Gerência de planejamento editorial: Maria de Lourdes Rodrigues
Coordenação de *design* e projetos visuais: Marta Cerqueira Leite
Projeto gráfico: Tatiane Porusselli
Capa: Bruno Tonel, Daniela Cunha, Tatiane Porusselli
  Ilustração: Daniel Cabral
Coordenação de arte: Denis Torquato
Edição de arte: Cristiane Cabral, Mônica Maldonado
Editoração eletrônica: Teclas Editorial
Coordenação de revisão: Elaine C. del Nero
Revisão: Márcia Leme, Palavra Certa
Coordenação de pesquisa iconográfica: Luciano Baneza Gabarron
Pesquisa iconográfica: Márcia Mendonça, Renata Martins
Coordenação de *bureau*: Rubens M. Rodrigues
Tratamento de imagens: Ademir Francisco Baptista, Joel Aparecido, Luiz Carlos Costa, Marina M. Buzzinaro, Vânia Aparecida M. de Oliveira
Pré-impressão: Alexandre Petreca, Andréa Medeiros da Silva, Everton L. de Oliveira, Fabio Roldan, Marcio H. Kamoto, Ricardo Rodrigues, Vitória Sousa
Coordenação de produção industrial: Wendell Monteiro
Impressão e acabamento: Forma Certa Gráfica Digital
Lote: 788150

Dados Internacionais de Catalogação na Publicação (CIP)
(Câmara Brasileira do Livro, SP, Brasil)

```
Buriti plus alfabetização 2 : português : da
   consciência fonológica e fonêmica ao domínio da
   leitura e da escrita / organização Editora
   Moderna ; obra coletiva concebida, desenvolvida
   e produzida pela Editora Moderna ; Marisa
   Martins Sanchez. -- 1. ed. -- São Paulo :
   Moderna, 2021.

   ISBN 978-85-16-13198-2

   1. Língua portuguesa (Ensino fundamental)
I. Sanchez, Marisa Martins.

21-73163                                   CDD-372.6
```

Índices para catálogo sistemático:

1. Língua portuguesa : Ensino fundamental 372.6

Maria Alice Ferreira - Bibliotecária - CRB-8/7964

ISBN 978-85-16-13198-2 (LA)
ISBN 978-85-16-13199-9 (GR)

Reprodução proibida. Art. 184 do Código Penal e Lei 9.610 de 19 de fevereiro de 1998.
Todos os direitos reservados
EDITORA MODERNA LTDA.
Rua Padre Adelino, 758 - Belenzinho
São Paulo - SP - Brasil - CEP 03303-904
Vendas e Atendimento: Tel. (0__11) 2602-5510
Fax (0__11) 2790-1501
www.moderna.com.br
2024
Impresso no Brasil

1 3 5 7 9 10 8 6 4 2

Apresentação

Olá!

Esta obra foi feita com muito carinho para mostrar um novo mundo a você! Um mundo cheio de palavras que vão encantar seus dias!

Aqui, você vai ler histórias fantásticas, conhecer obras de arte, aprender brincadeiras e descobrir que as letras podem se combinar umas com as outras das mais diversas maneiras, formando palavras e frases das mais variadas!

Esperamos que você se divirta aprendendo e se inspire a ter a leitura e a escrita como amigos para toda a vida!

Bom estudo!

Conheça seu livro

Abertura da unidade
Na abertura, você fica sabendo o tema da unidade.

Do som à letra!
Aqui, você vai estudar os sons que formam a fala e aprender a ler e a escrever as letras que os representam!

Ouvindo é que se aprende!
Nesta seção, vamos ajudar você a perceber como os sons da fala se repetem, se combinam e se relacionam para formar sentidos.

Vamos praticar?
Aqui, você aprende praticando atividades que incentivam o movimento, a criatividade e o convívio.

Palavras e mais palavras...
Nesta seção, você vai conhecer novas palavras e aprender novos usos para aquelas que você já conhece.

Criando com as palavras!

Aqui, você vai usar tudo o que aprendeu e elaborar um texto.

Vamos ler?

Nesta seção, você vai conhecer textos de diferentes autores e treinar sua leitura e compreensão, sozinho e com os colegas!

E ainda, no final do livro....

Sugestões de leitura

Indicação de livros para você ler e se divertir!

Cartonados

Destacáveis para as atividades.

Ícones que você vai encontrar neste livro

 Atividade oral

 Atividade plástica

 Atividade de escuta

 Atividade em dupla

 Objeto digital

 Atividade em grupo

 Atividade no caderno

 Atividade de cópia

Tempo

Sumário

Unidade 1 — Visitando museus ... 10

Capítulo 1 — Visitando o Museu da Educação e do Brinquedo ... 12

Do som à letra! ... 12
- Relato pessoal – Sandra Guinle ... 12
- Letras A, I, U ... 13
- Letra E, som aberto e som fechado ... 15
- Letra O, som aberto e som fechado ... 16
- Vogais e consoantes ... 17

Ouvindo é que se aprende! ... 18
- Ciranda, cirandinha ... 18
- Sílaba tônica e sílaba átona ... 19
- Ritmo ... 19

Do som à letra ... 20
- Obras de Sandra Guinle ... 20
- Letra H ... 22
- Grupo CH ... 22
- Grupo NH ... 23
- Grupo LH ... 24

Palavras e mais palavras... ... 26
- Formação de palavras (diminutivo): INHO / ZINHO ... 26

Criando com as palavras! ... 30
- Recado ... 30

Capítulo 2 — Conhecendo outros museus ... 32

Do som à letra! ... 32
- Museu dos Dinossauros, *e-mail* ... 32
- Grupo SS ... 33

Ouvindo é que se aprende! ... 35
- *Meu amigo dinossauro*, Ruth Rocha ... 35
- Rima e entonação ... 36

Vamos praticar? ... 37
- *ABCDinos*, Celina Bodenmüller e Luiz E. Anelli ... 37
- Trava-língua ... 37

Do som à letra! ... 38
- Museu Casa de Portinari ... 38
- Letra R ... 40
- Grupo RR ... 43

Vamos praticar? ... 44
- Pintando brincadeiras ... 44

Palavras e mais palavras... ... 46
- Antes e depois ... 46
- Ontem, hoje e amanhã ... 47

Criando com as palavras! ... 48
- Relato pessoal ... 48

Vamos ler um relato pessoal? ... 52
- *Saborear palavras*, Sonia Junqueira ... 52

Unidade 2 — Vítor e Maria vão ao teatro! 56

Capítulo 3 — Escolhendo uma peça de teatro! 58

Do som à letra! 58
- Notícia da peça *Lobisomen* 59
- Notícia da peça *O Rei Leão* 60
- ÇA, ÇO, ÇU, ÇÃO 63
- CE, CI 65

Vamos praticar? 66
- *Teatro de Sombras antigo*, Alexandre Fávero 67
- Montagem de um teatro de sombras 68

Ouvindo é que se aprende! 70
- Notícia de espetáculo pela Rádio USP FM 70
- Gravação de notícia de espetáculo 70
- Parágrafo 71

Do som à letra! 72
- *Entrevista com a atriz mirim Gabi Canobel*, Backstage Musical 72
- CA, CO, CU, QUE, QUI 75

Vamos praticar? 76
- *Você sabe o que é teatro de fantoches?*, SP Escola de Teatro 76
- Fazendo um fantoche 77

Palavras e mais palavras... 79
- Sinônimos 79

Criando com as palavras! 81
- Cartaz 81

Capítulo 4 — Teatro encantado! 84

Do som à letra! 84
- Sinais de orientação em sala de espetáculo 84
- GE, GI, GA, GUE, GUI, GO, GU 87

Vamos praticar? 88
- *Entrevista em áudio com Maria Clara Machado*, Radioagência Nacional 88
- Locutor e sonoplasta 89
- Gravação de áudio 89

Do som à letra! 90
- *Defesa Civil leva Teatro de Fantoches para a Cidade da Segurança Pública*, Renata Lu 90
- Reportagem 91
- GUA, GUE, GUI, GUO 93

Ouvindo é que se aprende! 94
- *A arte da mímica*, Mércia Maria Leitão e Neide Duarte 94
- Sinal de pontuação: Dois-pontos 95

Vamos praticar? 96
- Brincando com mímica 96

Palavras e mais palavras... 97
- Antônimos 97

Criando com as palavras! 99
- Folheto 99

Vamos ler um texto teatral? 102
- *Pluft, o fantasminha*, Maria Clara Machado 102

Sumário

Unidade 3 — Visitando lugares de pesquisa — 106

Capítulo 5 Visitando o Instituto Butantan 108
Do som à letra! 108
- *Ciência é para todos!*, Claudia Mermelstein 108
- Encontro consonantal CR 109
- Encontro consonantal BR 112
- *Como funcionam as vacinas e como são produzidas?*, Bárbara Kelem 114
- Encontro consonantal FR 116
- Encontro consonantal TR 119

Vamos praticar? 121
- Experimento: Brincando com as sombras 121

Do som à letra! 124
- *Instituto Butantan*, Instituto Butantan 124
- Encontro consonantal DR 126
- Encontro consonantal GR 128
- Encontro consonantal PR 129
- Encontro consonantal VR 130

Palavras e mais palavras... 131
- *Ciência e método científico*, Britannica Escola 131

Ouvindo é que se aprende! 133
- Adivinha de animais 133
- Sinais de pontuação: ponto-final, vírgula e ponto de interrogação 133

Criando com as palavras! 135
- Verbete de enciclopédia 135

Capítulo 6 Visitando o Jardim Botânico do Rio de Janeiro 138
Do som à letra! 138
- *Tem ciência no jardim*, Ciência Hoje das Crianças 139
- Encontro consonantal BL 140
- Encontro consonantal CL 141
- Encontro consonantal FL 142
- Encontro consonantal TL 146

Ouvindo é que se aprende! 149
- *Subi na roseira* 149
- Sinais de pontuação: ponto-final, vírgula, ponto de interrogação 150
- Sinais de pontuação e o sentido do texto 150

Vamos praticar? 151
- Subi na roseira (brincadeira) 151

Do som à letra! 152
- *Plantas comem?*, Bruna Dias 152
- Encontro consonantal GL 154
- Encontro consonantal PL 155
- Encontro consonantal VL 158

Palavras e mais palavras... 159
- *Plantas cheias de luz*, Ciência Hoje das Crianças 159

Vamos praticar? 162
- Experimento: Plantando feijão 162

Criando com as palavras! 163
- Relato de experimento 163

Vamos ler um mito? 168
- *A Água: o começo do mundo* (Igbo), Regina Claro 168

Unidade 4 — Um sarau de fim de ano 174

Capítulo 7 Poesia para todos! 176
Do som à letra! 176
- *O peru*, Vinicius de Moraes 176
- Poema, verso, estrofe, onomatopeia 178
- Ã, ÃE, ÃO, ... 179
- Til, ÃOS, ÕES, ÃES 180

Vamos praticar? 181
- Jogo da memória das rimas 181

Ouvindo é que se aprende! 182
- *O buraco do tatu*, Sérgio Capparelli 182
- Repetição 184

Do som à letra! 186
- *Poema visual*, Sérgio Capparelli e Ana Cláudia Gruszynski 186
- *Xícara*, Fábio Sexugi 187
- *Folha*, Fernando Paixão 187

Vamos praticar? 190
- Criando um poema visual 190

Palavras e mais palavras... 192
- Formação de palavras (aumentativo): ÃO 192

Criando com as palavras! 194
- Poema 194

Capítulo 8 É hora do cordel! 196
Do som à letra! 196
- *Você sabe por que é que o sapo não lava o pé?* (parte 1), Cristiano Gouveia 196
- Cordel 199
- M e N: vogais nasalizadas 202

Ouvindo é que se aprende! 203
- Recursos sonoros em poemas 203

Do som à letra! 205
- *Você sabe por que é que o sapo não lava o pé?* (parte 2), Cristiano Gouveia 205
- S entre vogais: som Z 208
- Grupo SS 209

Vamos praticar? 210
- Usando a técnica da xilogravura 210

Palavras e mais palavras... 212
- ÃO, AM 212

Criando com as palavras! 214
- Cantigas e poemas 214

Vamos ler uma fábula? 216
- *O burrico cantor*, Pedro Bandeira 216

Sugestões de leitura 222

Referências bibliográficas 224

Cartonados 225

Unidade 1

Visitando museus

Hoje, Vítor e Maria foram a um museu de arte com os pais.

Na visita, aprenderam que o museu guarda objetos que contam a história de uma pessoa, de uma cidade, de um país. O conjunto desses objetos é chamado de **coleção** e pode ser visto por todos que visitam o museu.

Eles adoraram o passeio e estão muito animados, porque esse mês vão visitar alguns museus com a turma da escola.

Wassily Kandinsky. *Amarelo-Vermelho-Azul*, 1925. Óleo sobre tela, 127 × 200 cm.

- Você já foi a um museu com sua família?
- Se sim, que objetos você viu nesse lugar?
- Quais objetos você acha que podem ser guardados em um museu de arte?
- Na sua opinião, qual é a importância dos museus?

Capítulo 1
Visitando o Museu da Educação e do Brinquedo

Do som à letra!

A professora Sara avisou aos alunos que eles farão um passeio ao Museu da Educação e do Brinquedo (MEB).

Nesse museu, está havendo uma exposição chamada *Memórias de uma infância em cenas infantis*, que traz esculturas que representam antigas tradições das crianças, como brincar de roda e de amarelinha e pular corda.

As obras são de Sandra Guinle. Veja um pequeno relato que a artista escreveu.

> Desde pequena eu já gostava de brincar com barro, modelando-o. Cresci e transformei a brincadeira em trabalho, um trabalho especial, que me dá muito prazer e alegria!
>
> As esculturas [...], feitas em bronze, são de uma série intitulada "Memórias de uma infância", por retratarem tempos mágicos, da minha própria infância e de muitas crianças.
>
> Assim, modelando as minhas memórias, voltei no tempo, às minhas brincadeiras...

Sandra Guinle. *Ciranda mágica e outros poemas*. **Sandra Guinle**, 2016. Disponível em: <http://mod.lk/guinle>. Acesso em: 21 jul. 2021.

Relato pessoal é um texto em que o autor conta algo marcante que aconteceu com ele. No relato, o autor revela o que sente e também expõe suas opiniões.

1 Ouça a leitura que sua professora fará do texto.

a) Qual museu a turma da professora Sara vai visitar?

b) Qual é o nome da exposição que eles vão ver?

c) Quem é a artista que produziu as obras dessa exposição?

d) A artista disse que suas obras retratam **tempos mágicos**. O que você acha que ela quis dizer com isso?

☐ Eram tempos em que havia muita pureza e encantamento.

☐ Eram tempos em que ela ia muito ao circo.

e) A artista disse que voltou no tempo modelando as memórias. Você acha que lembrar nos faz voltar no tempo?

2 Leia em voz alta estas palavras que aparecem no texto.

| artista | amarelinha |

a) Qual é o som inicial dessas palavras?

b) Escreva a letra que representa esse som. _____

3 Complete as palavras abaixo com a letra **A**.

S____r____   S____ndr____

a) Leia os nomes que você completou.

b) Sublinhe esses nomes no texto.

c) Escreva esses nomes com o alfabeto móvel.

d) Releia os nomes que você escreveu em voz alta.

e) Circule a boquinha que mostra como ficam seus lábios quando você lê a letra **A**.

  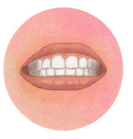  

13

4 Copie do texto o nome da exposição que a turma da professora Sara vai visitar.

_____

_____

a) Quais das palavras que você copiou começam com a mesma letra?

b) Escreva essa letra. _____

5 Complete as palavras abaixo com a letra **I**.

        passe_____o   brincade_____ra

a) Sublinhe essas palavras no texto.

b) Escreva essas palavras com o alfabeto móvel.

c) Leia em voz alta as palavras que você escreveu.

d) Circule a boquinha que mostra como ficam seus lábios quando você lê a letra **I**.

  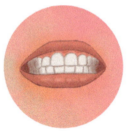  

6 Sublinhe o tipo de obra que a artista apresenta na exposição citada no texto.

      pintura • **escultura** • **fotografia** • **gravura**

• Que letra aparece duas vezes na palavra que você sublinhou?

7 Complete as palavras abaixo com a letra **U**.

        esc_____lt_____ras   m_____se_____

a) Sublinhe essas palavras no texto.

b) Escreva essas palavras com o alfabeto móvel.

c) Leia em voz alta as palavras que você escreveu.

d) Circule a boquinha que mostra como ficam seus lábios quando você lê a letra **U**.

  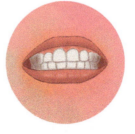  

8 Leia duas palavras do texto em voz alta.

série   exposição

a) Sublinhe essas palavras no texto.

b) Separe as sílabas dessas palavras.

c) Leia em voz alta a primeira sílaba de cada palavra.

d) A letra **E** representa o mesmo som nessas duas sílabas?

e) Fale em voz alta o som que a letra **E** representa na primeira sílaba da palavra série.

f) Fale em voz alta o som que a letra **E** representa na primeira sílaba da palavra exposição.

g) Que diferença você percebe na posição dos lábios quando você lê esses dois sons?

A letra **E** pode representar som **aberto** e som **fechado**.

Na palavra **série**, a letra **E** representa som **aberto**, como em **dez**, **mel**.

Na palavra **exposição**, a letra **E** representa som **fechado**, como em **passeio**, **museu**.

---

9 Leia em voz alta os nomes a seguir.

ESCADA ☐   CHAPÉU ☐   ANEL ☐   ELEFANTE ☐

a) Pinte de **azul** o quadrinho dos nomes em que o som representado pela letra **E** é fechado.

b) Pinte de **vermelho** o quadrinho dos nomes em que o som representado pela letra **E** é aberto.

15

10 Ouça a leitura que sua professora fará de uma palavra do texto.

> obras

a) Fale essa palavra em voz alta.

b) Qual é o som inicial dessa palavra?

c) Escreva a letra que representa esse som. _____

11 Agora, leia em voz alta outras palavras do texto.

> modelando   memória

a) A letra **O** representa o mesmo som nas duas palavras?

b) Fale em voz alta o som que a letra **O** representa na palavra **modelando**.

c) Fale em voz alta o som que a letra **O** representa na palavra **memória**.

A letra **O** pode representar som **fechado** e som **aberto**.

Na palavra **bronze**, a letra **O** representa som **fechado**, como em **professora**.

Na palavra **memória**, a letra **O** representa som **aberto**, como em **roda**.

---

12 Circule as figuras em cujo nome a letra **O** representa som aberto, como em **memória**.

a) Agora, escreva o nome de todas as figuras com o alfabeto móvel.

b) Leia as palavras que você escreveu.

c) Que diferença você percebe na posição dos lábios quando você fala **O aberto** e **O fechado**?

13 Assista ao vídeo com as letras que você estudou.

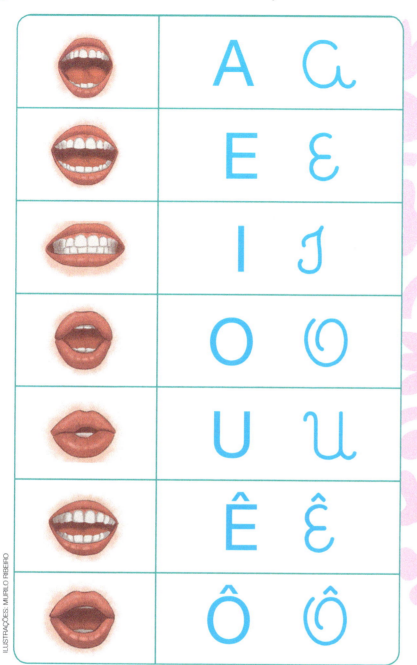

A, E, I, O, U são sons da fala em que a corrente de ar passa livremente pela boca. Esses sons são chamados de **vogais**.

Quando a passagem da corrente de ar é impedida por movimentos dos lábios, da língua ou dos dentes, os sons produzidos são chamados de **consoante**. São consoantes: **B, C, D, F, G, H, J, K, L, M, N, P, Q, R, S, T, V, W, X, Z**.

Ouvindo é que se aprende!

Inspirada pela exposição de brincadeiras tradicionais que vão ver, a professora Sara convidou a turma para brincar de ciranda. Ela explicou que essa brincadeira é antiga, mas muito conhecida até hoje. Veja.

Ciranda, cirandinha

Ciranda, cirandinha,
Vamos todos cirandar.
Vamos dar a meia-volta,
Volta e meia vamos dar.

O anel que tu me deste
Era vidro e se quebrou.
O amor que tu me tinhas
Era pouco e se acabou.

Por isso, dona Rosa,
Faz o favor de entrar na roda
Diz um verso bem bonito,
Diz adeus e vai embora.

Tradição popular.

1 Cante a cantiga com os colegas.

2 Ouça a leitura que sua professora fará da primeira palavra da cantiga.

a) Leia essa palavra em voz alta e bem devagar.

b) Quantas sílabas essa palavra tem?

c) Pinte a sílaba falada com mais força.

> A sílaba pronunciada com mais intensidade em uma palavra é chamada de **sílaba tônica**.
>
> A sílaba pronunciada com menos intensidade em uma palavra é chamada de **sílaba átona**.

3 Leia algumas palavras da cantiga em voz alta.

a) Separe as sílabas dessas palavras.

b) Qual é a sílaba tônica de cada palavra?

c) Como você descobriu a tônica?

d) Como são lidas as outras sílabas da palavra?

4 Leia os dois últimos versos da cantiga em voz alta.

- Sublinhe com **vermelho** as sílabas tônicas e com **azul** as sílabas átonas.

> A alternância entre sílabas tônicas e sílabas átonas forma o **ritmo** do texto.

Do som à letra!

Hoje, a professora Sara e seus alunos estão no Museu da Educação e do Brinquedo. Eles passarão algumas horas lá, porque há muito para ver.

Vitrines com brinquedos do Museu da Educação e do Brinquedo, em São Paulo.

Os alunos estão impressionados com tudo, mas o que mais chamou a atenção deles foram as obras de arte táteis. São obras que têm o contorno da imagem retratada em alto-relevo, para serem apreciadas por quem não enxerga.

Sandra Guinle. *Bambolê*, 2005. Painel tátil em bronze, 100 × 60 cm.

Sandra Guinle. *Carrapicho*, 2002. Escultura em bronze, 217 × 216 cm.

Quando voltaram à escola, a professora Sara perguntou aos alunos se eles têm em casa algum brinquedo como os que tinham visto no museu. Ela escreveu as respostas na lousa. Veja.

1 Leia o texto e observe as imagens.

a) Você já foi com sua família a um museu como o citado no texto?

b) Por que você acha que existe um museu de brinquedos?

c) O que você achou da obra tátil?

d) Você conhece os brinquedos que a professora Sara escreveu na lousa?

e) Você tem em sua casa algum brinquedo que poderia ser colocado em um museu?

2 Observe estas palavras que aparecem no texto.

hoje   horas

a) Circule a primeira letra dessas palavras.

b) Agora, leia a primeira palavra em voz alta.

c) Qual é o som inicial dessa palavra?

d) Que letra representa esse som?

e) Agora, leia a segunda palavra em voz alta.

f) Qual é o som inicial dessa palavra?

g) Que letra representa esse som?

h) A letra **H** representa algum som nessas palavras?

> A letra **H** em início de palavra não representa som algum, como em **hoje** e **horas**.

3 Leia em voz alta o nome de um dos brinquedos da lista da professora Sara.

chocalho

a) Qual é o som inicial desse nome?

b) Quantas letras são necessárias para representar esse som?

> Quando a letra H se une à letra C, o grupo **CH** formado passa a representar um único som, como em **chocalho**.

4 Agora, leia o nome de outros brinquedos.

> boliche   fantoche

a) Que som as letras **CH** representam nessas palavras?

b) Fale esse som em voz alta.

c) Circule as sílabas em que aparece esse som.

d) Com que letra o grupo **CH** formou sílaba?

> Na divisão silábica, o grupo **CH** não se separa.

5 Veja dois dos brinquedos que os alunos da professora Sara citaram.

bolinhas de gude

patinho de borracha

a) Copie do nome dos brinquedos as palavras em que aparecem as letras **NH**.

_____

b) Leia essas palavras em voz alta.

c) Que som as letras **NH** representam nessas palavras?

d) Separe as sílabas dessas palavras.

e) Com quais letras o grupo **NH** forma sílaba nessas palavras?

> Quando a letra **H** se une à letra **N**, o grupo **NH** formado passa a representar um único som, como em **bolinhas** e **patinho**.
>
> Na divisão silábica, o grupo **NH** não se separa.

6 Leia o nome de uma das obras que os alunos viram no Museu da Educação e do Brinquedo.

> **Mãe e filha**

a) Agora, leia o nome de mais dois brinquedos da lista da professora Sara.

bolha de sabão   palhaço no cone

b) Que sílaba aparece nos três nomes que você leu?

7 Leia em voz alta a palavra a seguir.

> **bolha**

a) Separe as sílabas dessa palavra.

b) Em qual sílaba aparecem as letras **LH**?

c) Fale em voz alta essa sílaba.

d) Quantos sons formam essa sílaba?

e) Fale em voz alta esses dois sons separadamente.

f) Quantas letras formam essa sílaba?

8 Leia em voz alta a palavra a seguir.

> **palhaço**

a) Separe as sílabas dessa palavra.

b) Em qual sílaba aparecem as letras **LH**?

c) As letras **LH** se separam na divisão das sílabas?

> Quando a letra **H** se une à letra **L**, o grupo **LH** formado passa a representar um único som, como em **bolha**.
> Na divisão silábica, o grupo **LH** não se separa.

9 Agora, desafio!! Complete as palavras com **H**, **CH**, **NH** ou **LH**.

li_____a   _____ortelã   ni_____o

_____erói   ma_____a   sobri_____a

bola_____a   co_____ilo   co_____er

_____igiene   _____ipopótamo   pi_____eiro

_____ora   _____inelo   _____oro

mo_____ila   _____élice   _____orta

fo_____a   gali_____a   _____uva

ca_____oeira   mi_____oca   u_____a

a) Leia as palavras que você completou em voz alta.

b) Escreva as palavras que você completou com o alfabeto móvel.

c) Copie essas palavras em ordem alfabética.

_____

_____

_____

_____

_____

_____

_____

Palavras e mais palavras...

A professora Sara explicou à turma que é possível formar novas palavras a partir de uma palavra já existente. Veja.

cavalo

cavalinho de pau

avião

aviãozinho de papel

ciranda

cirandinha

1 Leia a palavra em voz alta.

ciranda

a) Separe as sílabas dessa palavra.

b) Troque a última sílaba da palavra pelas sílabas do quadrinho.

dinha

c) Que palavra você formou? _____

2 Leia as palavras.

cavalo   cavalinho

- Como formamos a palavra **cavalinho** partindo da palavra **cavalo**?

3 Complete o nome dos brinquedos com **INHO** ou **INHA**.

 carr_____

 cas_____

a) Leia as palavras que você completou.

b) Qual das palavras a seguir originou **carrinho**? Pinte-a.

carro   carruagem   carroça

c) E qual das palavras a seguir originou **casinha**? Pinte-a.

casarão   casebre   casa

4 Pinte os quadrinhos que acompanham as frases verdadeiras.

Cavalinho é um cavalo grande.		Carrinho é um carro pequeno.	
Cavalinho é um cavalo pequeno.		Casinha é uma casa pequena.	
Carrinho é um carro grande.		Casinha é uma casa grande.	

27

5 Leia as palavras.

| avião | aviãozinho |

- Como formamos a palavra **aviãozinho** partindo da palavra **avião**?

6 Agora, complete os nomes com **ZINHO** ou **ZINHA**.

cão_____

caminhão_____

flor_____

balão_____

cafe_____

arvore_____

7 Desafio! Complete as frases.

Um  pequeno é um _____.

Uma  pequena é uma _____.

Um  pequeno é um _____.

Um  pequeno é um _____.

Um  pequeno é um _____.

Uma  pequena é uma _____.

Criando com as palavras!

Recado

Na hora do recreio, Vítor recebeu um recado. Era de seu amigo Hugo, que estuda em outra turma. Veja.

Um recado precisa ter:
- o nome para quem ele se destina;
- o nome de quem o escreveu;
- uma mensagem, curta e formal, que expresse um pedido ou informe alguém de uma ação a ser feita.

Agora é a sua vez de produzir um recado!

Para isso, vamos brincar de **telefone sem fio**. Você conhece essa brincadeira?

1. Sente-se em roda com os colegas.

2. Um colega começa a brincadeira dando um recado a quem está sentado ao seu lado. Só que ele deve falar bem baixinho na orelha do colega para ninguém mais ouvir.

3. Aquele que ouviu o recado deve repetir o que entendeu para o colega ao seu lado. Sempre falando baixinho na orelha do colega para ninguém mais ouvir.

4. O recado deve ser passado de um a um até que todos tenham ouvido.

5. A última pessoa a ouvir o recado deverá falar em voz alta aquilo que escutou e escrever o recado na lousa.

6. A brincadeira termina quando todos tiverem escrito um recado na lousa.

   A brincadeira é engraçada porque muitas vezes o recado que o último colega ouviu é bem diferente do recado inicial, dado por quem falou primeiro. Experimente!

7. Ao término da brincadeira, escreva no caderno o recado que você disse na roda.

8. Depois, copie no caderno como ficou seu recado após a última pessoa tê-lo ouvido.

Capítulo 2 — Conhecendo outros museus

Do som à letra!

A turma da professora Sara visitou outro museu. O **Museu dos Dinossauros**!

Emília gostou tanto que escreveu um *e-mail* para sua amiga Vanessa, que mora no Rio Grande do Sul, contando como foi o passeio. Veja.

Nova mensagem   X

Olá, Vanessa!

Estou escrevendo para contar sobre um passeio emocionante que fiz com a turma da escola.
Eu visitei um museu de dinossauros! Foi incrível!

Eu até levei um susto, porque nunca tinha visto ossos tão grandes como os de um dinossauro!

E você sabia que existiu um dinossauro chamado Pterossauro? Ele se parece com um pássaro.

Um dia vamos juntas visitar esse museu.
Você vai amar!

Um beijo
Emília

Enviar

E-mail é uma mensagem eletrônica, própria para a correspondência entre duas ou mais pessoas, que pode ser enviada sem custo e em tempo real.

O *e-mail* pode conter todo tipo de assunto, pessoal ou profissional, e nele é possível anexar fotos ou documentos.

1 Ouça com atenção a leitura que sua professora fará do *e-mail* escrito por Emília.

a) Para quem Emília escreveu o *e-mail*?

b) Qual era o assunto do *e-mail*?

c) O que assustou Emília no museu?

d) Você já escreveu um *e-mail* para alguém?

2 Escreva o nome da amiga de Emília que receberá o *e-mail*.

_____

a) Leia esse nome em voz alta.

b) Que som as letras **SS** representam nesse nome?

3 Agora, ouça a leitura que sua professora fará destas palavras.

| passeio | dinossauro |

a) Leia essas palavras em voz alta.

b) Que som as letras **SS** representam nessas palavras?

4 Copie do *e-mail* de Emília outra palavra com **SS**.

_____

a) Leia a palavra que você copiou em voz alta.

b) Que som as letras **SS** representam nessa palavra?

As letras **SS** sempre representam o som **S**.

5 Complete com SS o nome do dinossauro que Emília citou no e-mail.

Ptero_____auro

a) Leia o nome que você completou em voz alta.

b) Que som as letras SS representam nesse nome?

c) Escreva esse nome com o alfabeto móvel.

d) Que letra vem antes do SS?

e) E que letra vem imediatamente após o SS?

6 Observe as palavras escritas com SS que você leu.

Vanessa   pássaro   passeio   dinossauro   Pterossauro

a) Circule a letra que aparece antes do SS em cada palavra.

b) Circule a letra que aparece imediatamente após o SS em cada palavra.

c) As letras que você circulou são **vogais** ou **consoantes**?

> As letras SS são usadas somente entre vogais.
>
> As letras SS nunca são usadas em início de palavra.

7 Leia em voz alta as palavras do quadro.

osso	pessoa	vassoura	professora	pêssego
passeio	passarinho	fóssil	classe	assinatura

a) Que som as letras SS representam nessas palavras?

b) Desafio! Por que essas palavras não poderiam ser escritas com um S apenas?

Ouvindo é que se aprende!

A professora Sara aproveitou a ida ao Museu dos Dinossauros e mostrou para a turma o trecho de um poema muito divertido sobre um dinossauro chamado Joaquim. Já pensou?

Um pequeno dinossauro
Apareceu no jardim.
Educado, inteligente,
O seu nome era Joaquim.
[...]
As pessoas espiavam
Estranhavam um pouquinho.
Onde será que arranjaram
Este dinossaurozinho?
[....]

Ruth Rocha. *Meu amigo dinossauro*.
São Paulo: Melhoramentos, 2015.

1 Ouça com atenção a leitura que sua professora fará dos versos.

a) Você acha possível um dinossauro aparecer no jardim?

b) Que nome você daria a um dinossauro se ele aparecesse em sua casa?

c) Você acha que Ruth Rocha, a autora dos versos, já viu um dinossauro?

2 Leia em voz alta a primeira estrofe.

- Quais palavras terminam com sons parecidos?

_____

3 Leia em voz alta a segunda estrofe.

- Quais palavras terminam com sons parecidos?

_____

_____

_____

> A repetição de sons iguais ou parecidos no final de duas ou mais palavras é chamada **rima**.

4 Releia o texto ressaltando as rimas.

- Você acha que a rima ajuda a memorizar um texto?

5 Releia os dois primeiros versos em voz alta.

> Um pequeno dinossauro
> Apareceu no jardim.

a) Agora, leia a frase inteira, sem a pausa feita entre os versos.

Um pequeno dinossauro apareceu no jardim.

b) Como você leu a palavra **dinossauro** nos dois casos?

c) Você acha que a organização em versos muda o modo como lemos um texto?

> O modo de emitir um som vocal, variando a altura e a intensidade de uma palavra ou de uma sequência de palavras, é chamado **entonação**.

Vamos praticar?

Agora, vamos brincar com o nome de um dinossauro?

1 Ouça com atenção a leitura que sua professora fará do trava-língua.

> Num ninho de Criolofossauro
> Havia dez criolofossaurozinhos.
> Quem os descriolofossaurizar
> Bom paleontólogo será!

Celina Bodenmüller; Luiz E. Anelli. *ABCDinos*. São Paulo: Peirópolis, 2015.

2 Você já tinha ouvido falar de um dinossauro chamado Criolofossauro?

3 Como você imagina que era um Criolofossauro?

4 Você sabe o que é um paleontólogo?

5 Copie do trava-língua o nome do dinossauro.

_____

  a) Leia o nome do dinossauro em voz alta bem devagar.

  b) Que som as letras **SS** representam nesse nome?

6 Circule no texto duas palavras que têm dentro delas o nome do dinossauro.

  a) Leia essas palavras em voz alta bem devagar.

  b) Escreva essas palavras com o alfabeto móvel.

  c) Que som as letras **SS** representam nessas palavras?

7 Qual das palavras que você escreveu com o alfabeto móvel indica **dinossauros pequenos**?

  • Como você descobriu?

8 Agora, aprenda o trava-língua e tente ler bem rápido e sem errar. Boa sorte!

Do som à letra!

Hoje, a turma vai visitar o **Museu Casa de Portinari**. A professora Sara explicou que essa visita será diferente. Eles vão conhecer o museu por meio do computador.

Antes de começar a visita, a professora Sara explicou para a turma quem foi Portinari.

João Candido Portinari foi um pintor muito importante que viveu na cidade de Brodowski, no estado de São Paulo.

Portinari gostava muito de pintar o modo de viver dos brasileiros.

O artista nasceu em 1903 e morreu em 1962. Construiu uma carreira brilhante e deixou uma vasta obra, reconhecida mundialmente.

Candido Portinari em seu ateliê, em 1958.

A turma ficou curiosa e a professora Sara leu para os alunos um texto sobre o museu. Veja.

Museu Casa de Portinari

Portinari gostava de fazer um tipo de pintura chamado **pintura mural**. Essa pintura é feita diretamente sobre as paredes.

Bastante arrojado, Portinari fez muitas pinturas murais nas paredes da própria casa. Por causa disso, em 1970, sua residência se tornou um museu.

É possível ir até esse museu ou visitá-lo pela internet. Na visita virtual, podemos conhecer a rua em que Portinari morava, os jardins de sua casa, o quarto do artista e até seu ateliê, o lugar onde ele pintava.

Jardim do Museu Casa de Portinari, em Brodowski, São Paulo, 2018.

Fachada do Museu Casa de Portinari, em Brodowski, São Paulo, 2017

1. Ouça com atenção a leitura que sua professora fará do texto.

   a) Você já conhecia esse pintor?

   b) Você conhece algum quadro de Portinari?

   c) Você gostaria de visitar o Museu Casa de Portinari?

   d) O que você acha de poder visitar um museu pela internet?

2. Leia o nome do pintor em voz alta.

   Portinari

   a) Separe esse nome em sílabas.

   b) Fale em voz alta a última sílaba.

   c) Qual é o som inicial dessa sílaba?

   d) Que letra representa esse som? _____

3. Leia o nome da pintura que Portinari fazia.

   pintura mural

   a) Separe as palavras em sílabas.

   b) Que sílabas são formadas com a letra R?

   c) Fale essas sílabas em voz alta.

   d) Nessas sílabas, a letra **R** representa o mesmo som que o da última sílaba de **Portinari**?

4 Leia estas palavras do texto.

| parede | residência |

a) Circule a letra **R** em cada palavra.

b) Leia as palavras em voz alta.

c) A letra **R** representa o mesmo som nas duas palavras?

_____

_____

> A letra **R** pode aparecer no começo, no meio ou no fim das palavras. Dependendo de sua posição e das letras que a cercam, ela representa um som fraco ou um som forte.
>
> O **R fraco** aparece no meio e no fim das palavras. Para produzi-lo, é preciso vibrar a língua próxima aos dentes.
>
> O **R forte** aparece no início e no meio das palavras. Para produzi-lo, é preciso vibrar a garganta.

5 Leia estas palavras do texto.

| pintura | mural | parede |

a) Fale em voz alta as palavras pronunciando bem cada sílaba.

b) Ao ler as sílabas com **R**, você vibrou mais a língua ou a garganta?

_____

_____

c) Nessas palavras, a letra **R** representa um som forte ou um som fraco?

_____

6 Leia estas palavras do texto.

> lugar   brasileiro

a) Fale em voz alta as palavras pronunciando bem cada sílaba.

b) Ao ler as sílabas com **R**, você vibrou mais a língua ou a garganta?

_____

c) Nessas palavras, a letra **R** representa um som forte ou um som fraco?

_____

> Para representar o **R fraco**, usamos a letra **R**.
>
> Exemplos: **pintura**, **mural**, **lugar**, **brasileiro**.

7 Agora, leia estas palavras do texto.

> rua   reconhecida

a) Fale em voz alta as palavras pronunciando bem cada sílaba.

b) Ao ler as sílabas com **R**, você vibrou mais a língua ou a garganta?

_____

c) Nessas palavras, a letra **R** representa um som forte ou um som fraco?

_____

8 Leia esta palavra do texto.

> arrojado

a) Fale em voz alta a palavra pronunciando bem cada sílaba.

b) Ao ler a sílaba com **R**, você vibrou mais a língua ou a garganta?

_____

c) Nessa palavra, as letras **RR** representam um som forte ou um som fraco?

_____

> Para representar o **R forte**, usamos **R** em início de palavra e **RR** no meio de palavra, quando o **R forte** está entre vogais.
>
> Exemplos: **reconhecida**, **arrojado**.

9 Desafio! Leia em voz alta a palavra a seguir.

carreira

a) Em que parte da palavra aparece o **R forte**?

_____

b) Como esse **R forte** está representado na escrita?

_____

c) Em que parte da palavra aparece o **R fraco**?

_____

d) Como esse **R fraco** está representado na escrita?

_____

10 Complete com R ou RR. Para saber, leia as palavras em voz alta empregando R fraco e R forte e observando a posição desse som na palavra.

ca_____o   _____ato

amo_____   ama_____elo

cob_____a   ca_____oça

co_____oa   bete_____aba

Vamos praticar?

Portinari pintou em seus quadros brincadeiras de que gostava quando era criança. Veja.

Candido Portinari.
Meninos no balanço, 1960.
Óleo sobre tela, 61 × 49 cm.

Candido Portinari.
Meninos brincando, 1955.
Óleo sobre tela, 60 × 72,5 cm.

Agora é a sua vez de pintar uma brincadeira de que gosta!

COMO BRINCAR

Você vai precisar de uma folha, tintas de diversas cores e pincéis. E, para pintar, você também pode usar esponjas e pedaços de barbante.

Pense em uma brincadeira de que você gosta.

Use a imaginação para fazer sua pintura.

Portinari costumava misturar produtos para criar cores. Você também pode fazer isso misturando tintas de cores diferentes.

Ao terminar, lembre-se de assinar sua pintura.

Crie também um nome para sua obra.

Mostre sua pintura para os colegas e fale sobre ela.

Veja também as pinturas que seus colegas fizeram e ouça o que eles têm a dizer sobre elas.

Depois, ajude a professora a fazer um mural na sala de aula para expor as pinturas da turma. Vocês podem organizar as obras por ordem alfabética do nome de cada obra ou do nome de cada artista!

Palavras e mais palavras...

A professora Sara e seus alunos estão conversando sobre os passeios que fizeram.

1 Observe como foi o passeio ao Museu da Educação e dos Brinquedos.

• Agora, complete as frases com as palavras do quadro.

| Antes | Depois |

_____ de entrar no ônibus, recebemos crachás com nossos nomes.

_____ de pegar os crachás, subimos no ônibus.

_____ de visitar o museu, fizemos uma roda de conversa no jardim do museu.

A professora Sara disse que **amanhã** a turma vai escrever um texto sobre o passeio de que mais gostou. Veja o que Emília perguntou.

Amanhã é dia 20?

2 Agora, com a ajuda de sua professora, complete a tabela com os dias do mês em que vocês estão.

Ontem foi dia...	Hoje é dia...	Amanhã será dia...

a) Desenhe neste espaço algo que você fez **ontem**.

b) Desenhe neste espaço algo que você está fazendo **hoje**.

c) Desenhe neste espaço algo que você fará **amanhã**.

Criando com as palavras!

Relato pessoal

Hoje, cada aluno da professora Sara escreveu um relato pessoal sobre o museu que mais gostou.

Veja o relato pessoal que Vítor escreveu.

Um passeio animado

Outro dia fui visitar o Museu dos Dinossauros com minha turma da escola. **Antes** de chegar ao museu, eu estava com um pouco de medo, porque pensei que havia dinossauros vivos lá dentro. Fiquei imaginando o que faria se um dinossauro resolvesse correr atrás de nós.

Depois que a visita começou, contei para o monitor por que estava com medo. O monitor é a pessoa que nos leva para visitar o museu e fala tudo sobre ele.

O monitor explicou que os dinossauros desapareceram da Terra há muito tempo. No museu de dinossauros, há somente os ossos de alguns dinossauros que foram encontrados. Sabendo disso, não tive mais medo.

No museu, eu vi vários tipos de dinossauros. Alguns eram muito grandes, do tamanho de prédios.

Depois desse passeio, aprendi que ter medo é normal. E que, quando sentimos medo, podemos pedir ajuda. Nunca mais vou me esquecer desse passeio tão divertido e emocionante!

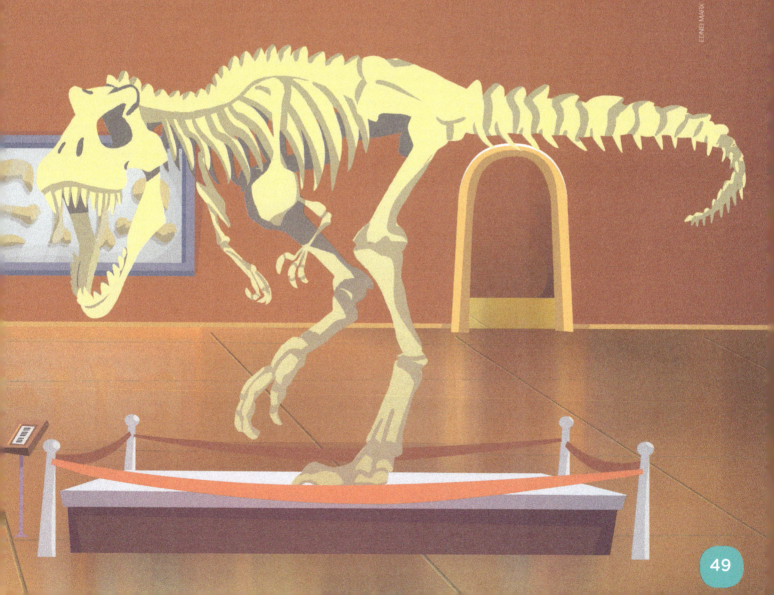

1 Ouça a leitura que sua professora fará do relato pessoal de Vítor.

   a) Vítor escreveu sobre algo que já aconteceu ou sobre algo que ainda vai acontecer?

   b) Qual passeio Vítor comentou em seu relato?

   c) O que Vítor achou do passeio?

   d) Por que Vítor estava com medo durante o passeio?

   e) O que Vítor contou que aprendeu nesse passeio?

2 Pinte o quadrinho que mostra o que as palavras destacadas no relato indicam.

   ☐ A passagem do tempo.   ☐ O que Vítor achou do passeio.

3 Agora é a sua vez de escrever um relato pessoal sobre algum passeio marcante que você tenha feito.

> Em um **relato pessoal**, é importante contar:
> - o que aconteceu;
> - onde aconteceu;
> - quando aconteceu, com o emprego de palavras que indiquem a passagem do tempo: **hoje**, **amanhã**, **ontem**, **há muito tempo**, **antes**, **depois**;
> - opiniões, sentimentos e sensações sobre o que aconteceu.

4 Antes de escrever, planeje seu texto.

   a) Sobre qual passeio você vai escrever?

   b) Onde foi esse passeio? Em que cidade fica esse lugar?

   c) O que aconteceu durante o passeio?

   d) O que você sentiu e pensou durante o passeio?

   e) Por que esse passeio foi importante para você?

   f) O que você aprendeu com essa experiência?

50

5 Escreva seu relato pessoal nas linhas abaixo. Dê um título para ele.

a) Agora, releia seu texto para ver se ele tem todas as informações que um relato pessoal deve ter.

b) Depois, leia seu relato para os colegas e ouça com atenção a leitura que eles farão dos relatos que produziram.

Vamos ler um relato pessoal?

A professora Sara leu com a turma um relato muito especial, de uma escritora renomada: Sonia Junqueira. Você conhece?

Veja o que a escritora conta sobre um dia de sua infância.

Saborear palavras

Eu não me lembro muito bem do primeiro dia de escola. Sei que estava louca para ir para a escola e aprender a ler. Naquela época a gente aprendia com sete anos. Adorei, aprendi a ler logo. Eu saboreava palavras... Foi uma experiência maravilhosa. Uma das experiências mais ricas, bonitas e emocionantes que tive na infância foi a de aprender a ler.

Lembro que fui alfabetizada com *O livro de Lili*, muito famoso na época. Uma coisa apaixonante esse livro! Na minha geração, em Minas, onde parece que o livro foi mais adotado, tem uma legião de apaixonados por *O livro de Lili*. Quando a gente começa a falar a respeito dele, todo mundo tem uma coisa para lembrar, sabe de cor várias lições do livro, vários trechos. Tem gente que se emociona, que chora. Fizeram uma confraria de alfabetizados com *O livro de Lili*, de camiseta e tudo, porque era realmente apaixonante.

E a implantação da cartilha – chamava livro, mas era cartilha mesmo – foi uma estratégia de *marketing* fantástica, porque antes de o livro chegar começaram a divulgar que ia chegar a Lili: quem seria Lili? E Lili pra cá, Lili pra lá, e foram envolvendo a gente com aquilo. Parava um carro: "Será que a Lili chegou? Será que é ela?". É. Não é. Criaram aquela expectativa na gente e quando chegou *O livro de Lili* todo mundo estava pronto para receber. E era uma delícia! A gente aprendia com a maior facilidade e a professora que me alfabetizou se chamava Lili também. O livro trazia lições e leituras; tinha cartazes nas paredes com as lições ampliadas, as ilustrações; e umas fichas com segmentos de frases que a gente cortava e colava no caderno para formar frases. Lembro-me da cor, da textura, do cheiro dessa coisa de ficha.

Lembro de tudo. Foi uma coisa maravilhosa. E eu deslanchei. Um dia cheguei em casa, com pouco tempo de escola, e estava lendo. Minha mãe chorou, ficou emocionada.

Memórias da literatura infantil e juvenil: relato de Sonia Junqueira. Disponível em: <http://mod.lk/sjunquei>. Acesso em: 15 jul. 2021.

1 Ouça a leitura que sua professora fará do texto.

a) O que você imaginou quando viu o título do relato?

b) Qual foi a experiência mais rica, bonita e emocionante que a autora teve na infância?

c) Por que *O livro de Lili* é tão importante para a autora?

d) Como era *O livro de Lili*?

e) O que fez a mãe da autora ficar emocionada e chorar?

2 Ouça a leitura que sua professora fará de um trecho do texto.

Tem gente que se emociona, que chora. Fizeram uma confraria de alfabetizados com *O livro de Lili*, de camiseta e tudo, porque era realmente apaixonante.

a) Sublinhe a frase que explica o que é uma **confraria**.

Confraria é uma associação de pessoas com interesses comuns.

Confraria é um estabelecimento onde se vendem livros.

b) Quem participava da confraria citada pela autora?

_____

_____

3 Ouça a leitura que sua professora fará de um trecho do texto.

E a implantação da cartilha – chamava livro, mas era cartilha mesmo – foi uma estratégia de *marketing* fantástica [...].

a) O que você acha que é uma **estratégia de *marketing***?

b) Qual foi a estratégia de *marketing* usada para implantar *O livro de Lili*?

54

4 Leia em voz alta, com a professora, o relato inteiro.

a) Você encontrou dificuldade em ler alguma palavra?

b) Circule, no texto, as palavras que achou mais difíceis de ler.

c) Copie essas palavras aqui.

_____

_____

d) Treine a leitura dessas palavras. Se precisar, chame a professora.

5 Agora, leia o relato sozinho, em voz baixa.

- Como você avalia sua leitura?

Um pouco boa	Boa	Muito boa

6 Agora, vamos ler em voz alta para a turma?

Leia as palavras sem pausa entre as letras.
Preste atenção à pontuação.
Mantenha sua atenção durante toda a leitura.

7 Leia este trecho do texto em voz alta, para a turma, o melhor que puder.

　　Parava um carro: "Será que a Lili chegou? Será que é ela?". É. Não é. Criaram aquela expectativa na gente e quando chegou *O livro de Lili* todo mundo estava pronto para receber. E era uma delícia!

a) Em quantos segundos você leu o trecho? _____

b) Que palavras foram mais difíceis de ler?

_____

c) Você manteve sua atenção do começo ao fim? _____

d) Você leu respeitando os sinais de pontuação? _____

e) Você acha que lendo com expressividade é mais fácil compreender o texto?

_____

55

Unidade 2

Vítor e Maria vão ao teatro!

Na escola de Vítor e Maria, todas as turmas do segundo ano vão ao teatro com as professoras uma vez no ano.

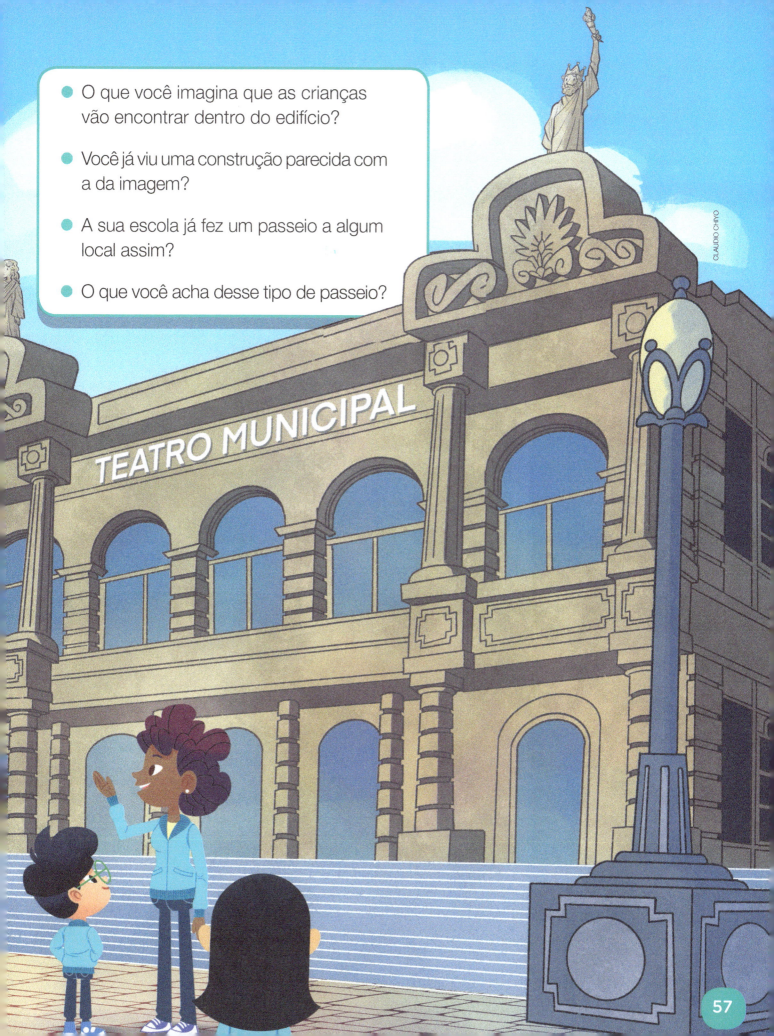

- O que você imagina que as crianças vão encontrar dentro do edifício?
- Você já viu uma construção parecida com a da imagem?
- A sua escola já fez um passeio a algum local assim?
- O que você acha desse tipo de passeio?

Capítulo

3 Escolhendo uma peça de teatro!

Do som à letra!

Este ano, a professora Sara selecionou algumas peças de teatro que estão em cartaz na cidade e levou para a sala de aula folhetos, cartazes e notícias sobre elas, para que os estudantes escolhessem a qual assistir.

1. Acompanhe a leitura que sua professora fará de duas notícias de peças de teatro.

Teatro Bom Jesus apresenta peça "Lobisomem"

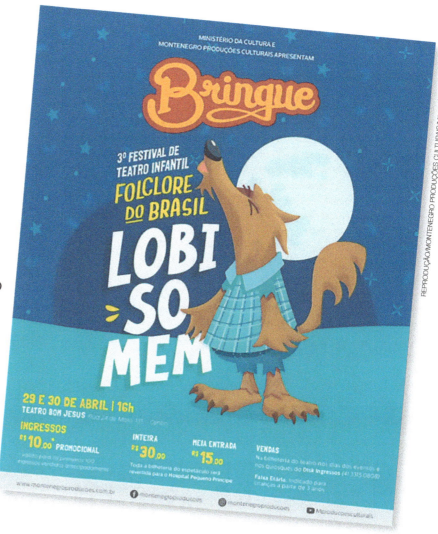

Depois do sucesso do "Boi-Bumbá", o Festival de Teatro Infantil Brinque retorna aos palcos de Curitiba com a peça "Lobisomem", inspirada em uma das lendas mais populares do folclore brasileiro. O espetáculo acontece em duas apresentações, nos dias 29 e 30 de abril, no Teatro Bom Jesus, às 16 horas. […] Os ingressos já estão à venda no Disk Ingressos e apenas nos dias de apresentação das peças na bilheteria do teatro: os valores variam entre R$ 10 e R$ 30.

Com uma linguagem mais contemporânea e bastante cômica, a peça "Lobisomem" conta a história de um menino chamado Nelson, que vive no limite entre civilidade e selvageria na relação com seus pais e amigos. […]

TEATRO Bom Jesus apresenta peça "Lobisomen". **Bem Paraná**. Curitiba, 24 abr. 2017. Disponível em: <http://mod.lk/lobisom>. Acesso em: 12 maio 2021.

Dicas de final de semana!
Programação Cultural (04/09 a 07/09)

Muitas atividades divertidas na programação cultural de Niterói e São Gonçalo neste fim de semana com feriado! Atrações nos teatros, *shoppings*, cinemas. É pra aproveitar muito com as crianças!

TEATRO

Tem estreia da peça "O Rei Leão — O musical infantil" no Teatro Popular Oscar Niemeyer. Com a Companhia JUCA Niterói em mais um clássico infantil. Mais um espetáculo para se divertir e se emocionar com as crianças.
Horário: sábados e domingos às 16h
Ingresso: R$ 30,00
Meia: R$ 15,00
Classificação: Livre.
Teatro Popular Oscar Niemeyer

Maria Cristina Bernardo. Dicas de final de semana! Programação Cultural (04/09 a 07/09). *Blog Crianças por aí*. Niterói e São Gonçalo, 3 set. 2015. Disponível em: <http://mod.lk/reileao>. Acesso em: 12 maio 2021.

2 O que essas notícias anunciam?

3 Você ficou interessado em assistir a uma das peças de teatro citadas nos textos?

4 Copie o título das peças noticiadas.

_____

_____

5 Essas peças de teatro são indicadas para qual público?

☐ Infantil.   ☐ Juvenil.   ☐ Adulto.

Justifique.

6 Você conhece a lenda do lobisomem?

a) Pela notícia, você acha que a peça segue a narrativa da lenda?

b) Sem as informações dadas pela notícia, você acha que uma peça chamada **Lobisomem** atrairia crianças?

7 Releia a notícia da peça **Lobisomem** e copie as informações que são úteis para alguém que queira assistir ao espetáculo.

Título da peça	
Nome do teatro	
Dias de apresentação	
Horário	
Valor do ingresso	

8 Releia a notícia da peça **O Rei Leão – O musical infantil** e copie as informações que são úteis para alguém que queira assistir ao espetáculo.

Título da peça	
Nome do teatro	
Dias de apresentação	
Horário	
Valor do ingresso	

9 Na sua opinião, para que servem as notícias?

> **Notícias** são textos publicados em jornais e revistas (impressos ou digitais) com o objetivo principal de informar fatos do cotidiano, em uma linguagem clara e objetiva.

10 Ouça com atenção a leitura que sua professora fará de palavras dos textos.

PEÇA   GONÇALO   CRIANÇA

a) Leia essas palavras pausadamente em voz alta.

b) Separe as sílabas de cada palavra.

c) Que sílaba aparece nas três palavras?

d) Qual é o som inicial dessa sílaba?

11 Em algumas palavras, para representar esse som, usamos a letra **C** com um sinal chamado **cedilha**. Observe.

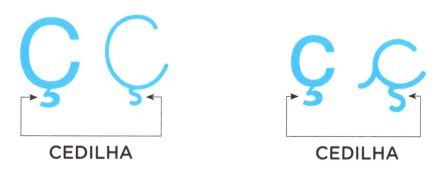

CEDILHA   CEDILHA

12 Além do **ÇA**, o **Ç** também forma outros tipos de sílaba. Observe.

MO**ÇO**   A**Ç**ÚCAR   PROGRAMA**ÇÃO**   ATRA**ÇÕES**

- Pinte as letras que podem acompanhar o **Ç**.

> **Cedilha** é um sinal gráfico usado abaixo da letra **C**, formando o **cê-cedilha (Ç)**.
> O **Ç** representa o som **S** e aparece somente antes das letras **A, O, U**.
> O **Ç** nunca é usado em início de palavra.

13 Agora, vamos escrever? Complete as palavras com uma das sílabas do quadro.

| ÇA | ÇO | ÇU | ÇÃO |

dan _____   almo _____   justi _____

caro _____   can _____   cansa _____

reda _____   pa _____ ca   pregui _____

cabe _____   ca _____ la   vidra _____

A professora Sara explicou para a turma que algumas notícias sobre espetáculos são mais curtas e sem imagem e levou alguns exemplos para a sala de aula. Veja.

Circo Secreto

Manipulando bonecos e máscaras, a Cia. Mevitevendo apresenta espetáculo inspirado no mundo circense, com histórias curtas e números de mágica, contorcionismo, dança e malabarismo.
Local: Sesc Pinheiros
Horários: Domingos, às 15h e às 17h (até 22/4)
Ingressos: R$ 5 a R$ 17

Fadas e Piratas

A peça narra as aventuras da fadinha verde e suas amigas em busca do pozinho azul, que sumiu do Reino das Fadas. Seguindo seus rastros, elas chegam ao navio dos piratas, comandado pelo terrível Capitão Gancho e seus atrapalhados escudeiros.
Local: Teatro Fernando Torres
Horários: Sábados e domingos, às 16h (até 29/4)
Ingressos: R$ 25 a R$ 50

GUIA DA SEMANA. Disponível em: <http://mod.lk/pecas>. Acesso em: 13 maio 2021.

14 Leia as notícias em voz alta com os colegas.

15 Agora, leia as frases abaixo e escreva o nome da peça de teatro correspondente.

a) A peça narra as aventuras de uma fada e suas amigas.

_____

b) O espetáculo é inspirado no mundo circense.

_____

16. Se você pudesse assistir a uma dessas peças de teatro, qual você escolheria? Por quê?

17. Acompanhe com atenção a leitura que sua professora fará das palavras abaixo.

CIRCO   CIRCENSE

a) Leia as palavras em voz alta pausadamente.

b) Separe as sílabas dessas palavras.

c) Em quais sílabas a letra **C** representa o som **S**?

d) Que outras palavras você conhece em que a letra **C** representa esse som?

e) Dite uma dessas palavras para a professora escrever na lousa.

f) Agora, escreva com o alfabeto móvel as palavras que você e seus colegas ditaram.

> Diante de **E** e **I**, não se usa **Ç**.

18. Complete com a letra **C** o nome das figuras.

M E L A N ☐ I A

D O ☐ E

☐ I N T O

☐ I S N E

a) Leia as palavras formadas em voz alta.

b) Que som a letra **C** representa nas palavras que você completou?

c) Que vogais formaram sílaba com **C** nessas palavras?

Vamos praticar?

Iara estava pesquisando algumas peças de teatro em cartaz em sua cidade e descobriu um **teatro de sombras**. Ela ficou muito curiosa e perguntou à professora Sara como era um espetáculo assim.

> **Teatro de sombras** é uma arte muito antiga de contar histórias. Para sua realização, é preciso manipular bonecos de varas entre uma luz e uma tela, de modo que o espectador veja apenas a sombra dos bonecos.

A professora Sara contou para a turma que existe uma lenda sobre a origem do Teatro de Sombras. Veja.

Teatro de Sombras antigo

[...] Algumas enciclopédias afirmam que o primeiro teatro de sombras surgiu na China, onde um imperador chamado Wu'Ti ordenou ao mago da corte que ressuscitasse a sua bailarina favorita, trazendo-a de volta do reino das sombras. Caso o mago não tivesse sucesso, ele seria decapitado. Estando com a vida em risco, utilizou a imaginação e fez da pele macia de um peixe a silhueta da falecida bailarina. No final de tarde, armou uma cortina branca contra a luz do sol, no jardim do palácio, e apresentou a bailarina ao imperador. Com movimentos graciosos e ao som de uma flauta, fez a bailarina dançar aos olhos da corte. Acredita-se que foi assim que surgiu o teatro de sombras e talvez venha daí a tradicional denominação ocidental de "sombra chinesa" para esse gênero de teatro.

Alexandre Fávero. *Cartilha Brasileira de Teatro de Sombras*. Estudos e propostas para criar e experimentar um teatro de sombras contemporâneo. Porto Alegre: Clube da Sombra e Cia. Teatro Lumbra, 2016.

1. Acompanhe a leitura que sua professora fará do texto.
   a) Em que país surgiu o teatro de sombras?
   b) O que você achou da ideia do mago da corte?

2. Você já assistiu a alguma apresentação de teatro de sombras?

3. Você acha divertida essa forma de contar histórias?

4 Que tal brincar com um teatro de sombras?

COMO BRINCAR

Reúna-se com alguns colegas e escolham uma história para apresentar para a turma.

Definam as personagens da história para fazer os bonecos correspondentes.

Separem os materiais necessários: cartolina, lápis para desenhar, 4 rolos de papel higiênico vazios, palitos de sorvete (um para cada personagem), tesoura de pontas arredondadas, fita adesiva, papel vegetal, lanterna ou luminária.

Montagem do teatro

1. Unam dois rolos de papel higiênico com fita adesiva para formar as "colunas" do teatro. Façam isso com os quatro rolos.

2. Cortem o papel vegetal e o colem nos rolos com a fita adesiva, deixando uma distância entre uma "coluna" e outra. O papel vegetal será a tela do teatro, na qual serão projetadas as sombras.

3. Desenhem na cartolina o contorno das personagens da sua história.

4. Recortem os desenhos e colem cada um deles em uma ponta do palito de sorvete, de forma que, pela outra extremidade, vocês possam manipular as figuras.

5. Coloquem a tela que vocês construíram de pé e, atrás dela, a lanterna.

6. Apaguem as luzes da sala e liguem a lanterna.

7. Coloquem as personagens entre a luz e a tela e pronto! É só apresentarem a peça!

ILUSTRAÇÕES: CLAUDIO CHIYO

69

Ouvindo é que se aprende!

No caminho para a escola, Uriel escutou no rádio dicas de espetáculos. Ele achou bem divertido e resolveu imitar o locutor.

Venham todos para o espetáculo do ano!

1. Ouça uma notícia de dica de espetáculo feita pela Rádio USP FM.

   a) Você já havia escutado notícias em rádio?

   b) Você achou que o locutor pronunciou bem as palavras?

   c) Você acha que as pausas que o locutor fez ajudaram na compreensão da informação?

2. Agora é sua vez! Você vai gravar uma notícia sobre um espetáculo teatral. Veja o texto que você vai anunciar.

> Bom dia, caro ouvinte!
>
> Hoje, vou dar a você uma dica muito especial! Chegou à cidade o espetáculo *Era uma vez!*
>
> Com atores mirins, a peça promete ser cheia de encantamento e magia!
>
> A estreia será sábado, 15 de março, às sete horas da noite, no Teatro Municipal, ao lado da Rodoviária. Ingressos a R$ 15,00 e R$ 30,00.
>
> Não fique fora dessa! Adquira já seu ingresso no *site* oficial do teatro.
>
> Até lá!

3 Leia o texto em voz alta com a professora e com os colegas.

a) Que sinais de pontuação aparecem no texto?

b) Como os sinais de pontuação contribuem para a compreensão da notícia?

4 Escreva como você leu.

a) R$ 15,00 _____

b) R$ 30,00 _____

5 Em sua leitura, você fez pausas mais longas entre um trecho e outro do texto?

- Por quê?

> Na fala, fazemos sempre uma pausa mais longa cada vez que queremos introduzir uma nova ideia.
>
> No texto escrito, para sinalizar essas pausas, usamos o **parágrafo**. O parágrafo é indicado pela mudança de linha que pode ser seguida de um recuo na margem esquerda do texto.

6 Quantos parágrafos tem a notícia que você leu?

7 Agora, leia o texto sozinho algumas vezes para treinar.

> Pronuncie as palavras com clareza e sem pausa entre as letras.
> Respeite os sinais de pontuação.
> Faça pausas significativas nas mudanças de parágrafos.

8 Estando preparado, apresente a notícia aos colegas! E ouça a apresentação deles também!

9 A professora vai gravar em um celular a apresentação de cada um. Assim, todos poderão se ouvir e verificar em que aspectos podem melhorar a leitura!

Do som à letra!

A professora Sara trouxe para a sala de aula uma entrevista completa com uma atriz mirim! Maria está animadíssima, porque ela tem muita curiosidade sobre essa profissão.

1 Leia a entrevista que a professora Sara apresentou aos alunos.

Entrevista com a atriz mirim Gabi Canobel

Apesar da pouca idade, a atriz mirim Gabi Canobel já se prepara para uma promissora carreira na área do teatro musical. Atualmente, ela está no elenco do espetáculo "Marias do Brasil" e conversou com o Backstage Musical sobre sua vida.

Gabi, você é bem nova. Conta pra gente como você decidiu ser atriz e fazer musicais?

Eu sempre gostei de dançar, atuar e cantar, então pedi a minha mãe para me colocar em aulas de teatro, e aí me apaixonei. Algum tempo depois, me indicaram uma escola de teatro musical, resolvi fazer e estou até hoje.

O "Marias do Brasil" é o seu primeiro trabalho? Conte um pouco da sua carreira.

Já participei de vários projetos, quando fazia apenas teatro. Meu primeiro musical foi "O Banquete de Natal" (direção geral de Fernanda Chamma), atualmente estou em cartaz com "Marias do Brasil" e ensaiando para apresentar "A Megera Domada" em Joinvile, ambos com direção da Fernanda Chamma.

Neste espetáculo, qual é o seu papel? Do que mais gosta nele?

Eu faço a Maria Pestana, do núcleo marinheiro. Eu gosto muito dela, mas o que eu mais gosto é da sua inteligência [e de ela] ser cuidadosa e dorminhoca.

Com tantas aulas de canto, dança, interpretação, mais os ensaios e as apresentações, como você faz para conciliar tudo isso e a escola?

É muito corrido! Mas tenho responsabilidade para saber qual a hora de estudar para a escola e qual a hora de estudar meus textos.

Qual musical / personagem você sonha em fazer?

Assisti a "Annie" e uma personagem de lá me encantou, gostaria de fazê-la um dia.

Como você se imagina daqui a 5 anos?

Me imagino ainda atuando no teatro musical, mas também com projetos na TV.

Por que todos precisam assistir a essa temporada de "Marias do Brasil"?

Porque é uma fábula que conta a história do Brasil. É muito legal, eu já assisti e gostei muito, acredito que as pessoas também vão gostar.

SERVIÇO

Teatro Nair Bello (220 lugares)

Rua Frei Caneca, 569 (Shopping Frei Caneca, 3º Piso) (Bela Vista)

Data: até 23 de junho; Domingos, às 13h e às 15h.

Preço: R$ 70,00

Telefone: 3472-2414

Horário da Bilheteria: de quarta a sábado, das 15h às 21h; domingos, das 15h às 18h ou 19h (de acordo com o horário da peça que estiver em cartaz)

BACKSTAGE Musical. *Entrevista com a atriz mirim Gabi Canobel*. Disponível em: <http://mod.lk/gabi>. Acesso em: 9 jun. de 2021.

2 Como se chama a atriz entrevistada?

_____

3 Que espetáculo ela está fazendo?

_____

4 Gabi conta que sempre gostou de atividades relacionadas ao teatro. Quais atividades são essas que ela cita na entrevista?

_____

_____

5 Releia este trecho da entrevista.

> Eu faço a Maria Pestana, do núcleo marinheiro. Eu gosto muito dela, mas o que eu mais gosto é da sua inteligência [e de ela] ser cuidadosa e dorminhoca.

a) Qual é o papel que Gabi está fazendo no momento?

_____

b) Do que Gabi diz que mais gosta na personagem dela?

_____

_____

c) Que tipo de personagem você gostaria de fazer se fosse ator/atriz?

_____

6 Sublinhe a frase que conta o que a atriz acha do dia a dia dela.

Ela acha tranquilo.   Ela acha muito difícil.

Ela acha muito corrido.   Ela acha divertido.

7 E você, quais são suas atividades no dia a dia? Escreva e mostre aos colegas.

8 Leia algumas palavras do texto em voz alta.

CANOBEL　　　　CANECA　　　　DORMINHOCA

a) Separe as sílabas dessas palavras.

b) Qual dessas sílabas aparece em todas as palavras?

c) Qual é o som inicial dessa sílaba?

d) Leia essas palavras em voz alta e circule aquelas em que aparece esse som.

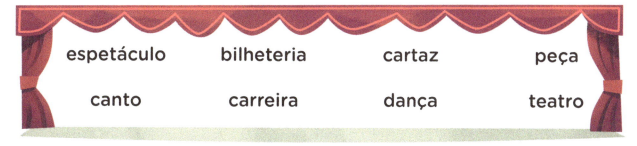

espetáculo　　bilheteria　　cartaz　　peça

canto　　carreira　　dança　　teatro

e) Que letra representa esse som nas palavras que você leu?

f) Escreva as palavras que você leu com o alfabeto móvel.

9 Leia, em voz alta, o título do primeiro musical de Gabi.

O BANQUETE DE NATAL

a) Em qual das palavras aparece o som **K**?

b) Que letras representam o som **K** nessa palavra?

c) Escreva essa palavra com o alfabeto móvel.

10 Quais letras do alfabeto móvel você usou para representar o som **K**?

Para representar o som **K**, usamos

• a letra **C** antes de **A, O, U**: ca, co, cu.

• as letras **QU** antes de **E, I**: que, qui.

Vamos praticar?

Vítor e Maria estão preparando um teatro de fantoches para apresentar aos colegas!

1 Leia o texto para conhecer essa arte!

Você sabe o que é teatro de fantoches?

Uma das mais antigas formas de expressão artística do mundo, o teatro de fantoches é um termo designado para espetáculos realizados com bonecos, marionetes ou fantoches.

Alguns historiadores acreditam que essa modalidade antecede os atores em cena e que no Egito, há 4 mil anos, o uso de bonecos articulados de madeira já era comum em peças teatrais religiosas.

Atualmente, podemos encontrar muitas técnicas de manipulação de bonecos no teatro, que variam das mais tradicionais, controladas mecanicamente por varas, luvas e cordões, às que se utilizam de tecnologias mais avançadas, como a robótica.

Você sabe o que é Teatro de Fantoches? **SP Escola de Teatro**, 2020. Disponível em: <http://mod.lk/fantoche>. Acesso em: 17 maio 2021.

a) O que é teatro de fantoches?

_____

b) Que técnicas de manipulação de bonecos existem?

_____

2 Você já foi a alguma apresentação de teatro de fantoches?

3 O que você acha dessa forma de contar histórias?

4 Que tal brincar com um teatro de fantoches?

COMO BRINCAR

Escolha com os colegas uma história para apresentar para as outras turmas.

Verifique quais serão as personagens da história, assim cada um pode fazer um fantoche correspondente.

Separe os materiais necessários para a confecção dos fantoches: meias, placas de EVA branca e vermelha, pedaços de lã, retalhos de tecidos, botões (para os olhos), tesoura de pontas arredondadas, cola.

Veja como fazer um fantoche de cachorrinho. Você pode adaptar materiais, trocando alguns objetos, se quiser construir outro tipo de fantoche.

1. Para a boca, corte um pedaço de EVA vermelho em formato retangular e depois arredonde as pontas.

2. Para os olhos, recorte o EVA branco em formato redondo e cole um botão em cima.

3. Inicie a colagem na meia. Coloque a meia na mão e cole primeiro o EVA vermelho formando a boca.

4. Recorte um pedaço de tecido em forma de círculo para fazer o nariz e cole na meia dobrada. Faça o mesmo com os botões dos olhinhos.

5. Se quiser aplicar cabelo em seu fantoche, use a lã para fazer os fios e cole-os na meia.

6. Finalize com seu toque pessoal, adicionando os acessórios que quiser. Adicione laços, gravata, flores, fitas coloridas e o que mais sua imaginação quiser.

Depois que todos os fantoches estiverem prontos, ensaie com os colegas a peça que vão apresentar.

Escreva as falas de sua personagem no caderno, mas procure memorizá-las para a apresentação.

Lembre-se de pronunciar as palavras com calma e clareza para que todos entendam o que está falando.

Se todos quiserem, podem apresentar mais de uma história!

Palavras e mais palavras...

A professora Sara explicou aos alunos que fantoche é **sinônimo** de boneco. Você sabe o que são **sinônimos**?

> **Sinônimos** são palavras que têm significados semelhantes.
>
> Para saber se uma palavra é sinônimo de outra, basta trocarmos uma pela outra e ver se o sentido da frase permanece o mesmo.

1 Copie os textos substituindo a palavra destacada por um sinônimo do quadro.

| longa | idoso | rabo |

a) Quando é que um tigre se parece com um **velho**?
Resposta: Quando é um tigre de bengala.

_____

_____

b) O que é o que é? Tenho **cauda**, mas não sou cão. Não tenho asas e sei voar. Se me largam, saio ao vento para brincar. *Resposta*: A pipa.

_____

_____

c) O que é, o que é? Tem uma perna mais **comprida** que a outra e anda noite e dia sem parar? *Resposta*: O relógio.

_____

_____

79

2 Releia um trecho da notícia da peça **Lobisomem**.

> Com uma linguagem mais contemporânea e bastante cômica, a peça "Lobisomem" conta a história de um menino chamado Nelson, que vive no limite entre civilidade e selvageria na relação com seus pais e amigos.

a) Circule a palavra que pode ser usada no lugar de **contemporânea**.

| atual | | antiga |

b) Circule a palavra que pode ser usada no lugar de **cômica**.

| séria | | divertida |

c) Copie a frase substituindo as palavras **contemporânea** e **cômica** pelas palavras que você circulou.

> Uma linguagem mais contemporânea e bastante cômica.

_____

_____

3 Agora, releia um trecho da entrevista com Canobel.

> Apesar da pouca idade, a atriz mirim Gabi Canobel já se prepara para uma **promissora** carreira na área do teatro musical. Atualmente, ela está no **elenco** do espetáculo "Marias do Brasil" e conversou com o Backstage Musical sobre sua vida.

- Complete o quadro com as palavras azuis do texto, de acordo com os sinônimos.

Próspera	
Grupo de atores	

EM CASA

Desafie seus familiares a usarem palavras novas! Leia um trecho da entrevista para eles e peça-lhes que troquem algumas palavras por seus sinônimos.

Criando com as palavras!

Cartaz

Emília está produzindo cartazes com os colegas sobre a peça teatral a que vão assistir. Eles querem divulgá-la para os outros alunos da escola. Veja um cartaz que ela e os colegas fizeram.

1. Leia o cartaz feito por Emília e os colegas.

   a) Qual é o nome da peça de teatro?

   b) Onde ela vai ser apresentada?

   c) Em que dia vai ocorrer o espetáculo?

   d) Qual é o horário da apresentação?

   e) Qual é o valor do ingresso?

   f) As ilustrações ajudam o leitor a saber qual é o assunto do cartaz?

> Um **cartaz** precisa:
> - ter letras grandes e bem visíveis, com bom espaçamento entre as palavras.
> - empregar linguagem clara e objetiva.
> - transmitir as informações necessárias em texto curto.
> - usar imagens.
> - despertar a atenção das pessoas.

2. Agora é sua vez! Reúna-se com os colegas para fazer um cartaz que divulgue um evento cultural de sua escola.

3. Separem os materiais necessários: cartolina, lápis e canetas de cor, régua, recortes de revistas para ilustrar o cartaz, tesoura de pontas arredondadas e cola.

4. Antes de fazer o cartaz, registrem as informações que não podem faltar em sua produção.

a) Título ou nome do evento.

_____

_____

b) Local onde ocorrerá o evento. Pode ser um teatro ou algum espaço da escola.

_____

_____

c) Data e horário da apresentação.

_____

d) Valor do ingresso. Se o evento for gratuito, especificar se aceitam doações de alimentos.

_____

e) Telefone ou *site* para mais informações.

_____

5. Agora, planejem como as informações serão organizadas no cartaz, fazendo um esboço do seu cartaz abaixo.

6. Confeccionem o cartaz usando bastante cor, letras grandes e imagens!

7. Combinem com a professora quando e onde poderão afixá-lo e façam uma linda exposição.

Capítulo 4 — Teatro encantado!

Do som à letra!

O dia de ir ao teatro está chegando e a professora Sara achou importante fazer alguns combinados com os alunos para garantir que o passeio fosse proveitoso.

Ela mostrou à turma algumas regras que todo espectador deve seguir quando vai a uma apresentação teatral. Veja.

 Não se atrase.

 Não coma nem beba durante a apresentação.

 Desligue o telefone. O som ou a luz do celular podem atrapalhar os atores e as pessoas ao redor.

 Não cante as músicas da peça em voz alta, a menos que os atores convidem.

 Não faça comentários com as pessoas ao seu lado.

 Vá ao banheiro antes de a peça começar.

 Partilhe o apoio da poltrona para o cotovelo.

 Não fotografe nem grave a peça.

 Permaneça sentado durante a apresentação, a menos que os atores proponham uma interação.

Leia as regras do texto que a professora Sara apresentou.

a) Você já viu essas regras em algum lugar?

b) Você acha que regras melhoram a convivência?

c) Você sabe para que servem os desenhos ao lado das regras?

> As figuras ao lado das regras são chamadas de **sinais**.
>
> Os sinais são usados para orientar, instruir ou transmitir uma informação de maneira rápida. Eles são claros e precisos, possibilitando a compreensão imediata.

 Copie do texto o significado principal dos sinais abaixo.

_____

_____

_____

_____

_____

_____

_____

_____

_____

_____

_____

_____

3 Observe a cena e escreva a frase que poderia entrar no lugar da placa de sinalização.

_____

_____

_____

_____

EM CASA

Converse com seus familiares e pergunte quais são as regras da sua casa.

Registre-as em seu caderno, criando sinais para representá-las.

Depois, compartilhe com os colegas.

4 Leia as frases abaixo.

O aviso dizia: "**Desligue** o celular".

A professora Sara pediu a Maria para **desligar** o celular.

Maria **desligou** o celular.

a) Ouça com atenção a leitura que sua professora fará das palavras.

DESLIGUE   DESLIGAR   DESLIGOU

b) Fale essas palavras em voz alta.

c) Que som a letra **G** representa nessas palavras?

d) Circule as palavras do quadro em que a letra **G** representa esse som.

| gato | gente | gula | gengibre | agir | sangue |

5 Leia em voz alta as palavras que você **não** circulou na atividade anterior.

a) Que som a letra **G** representa nessas palavras?

b) Que vogais formam sílaba com a letra **G** quando ela representa esse som?

> A letra **G** pode representar dois sons.
>
> Para representar o som como o de **gato** nas sílabas formadas com **E** e **I**, a letra **G** deve vir acompanhada da letra **U**, formando **GUE** e **GUI**.

6 Agora, complete o quadro conforme o exemplo.

apagar	apague	apaguei	apagou
ligar			
jogar			
pagar			

a) Copie as sílabas formadas com a letra **G**. _____

b) Que som a letra **G** representa nessas sílabas? _____

Vamos praticar?

A professora Sara mostrou para a turma um áudio sobre Maria Clara Machado, importante autora do teatro infantil brasileiro.

Depois, a professora selecionou alguns trechos do áudio e os transcreveu para os alunos lerem. Veja.

<marcação sonora> *Burburinho de crianças em sala de espetáculo.*

<locutor>

Esse barulhinho de plateia é só ansiedade mesmo. A criançada não vê a hora de as cortinas se abrirem.

Porque boa, é a hora da corneta.

<marcação sonora> *Som de corneta.*

<locutor>

O som anuncia mais um espetáculo de Maria Clara Machado, principal autora do teatro brasileiro infantil.

Em 3 de abril deste ano [2021], o país celebra o centenário de nascimento da autora.

Maria Clara morreu em 2001 aos 80 anos de idade.

Ela deixou como legado 29 peças infantis. Uma das mais famosas é *Pluft, o Fantasminha*.

A personagem, segundo a escritora contou, foi pensada para apagar os medos e deixar tudo mais divertido.

<Maria Clara Machado>

Aí eu pensei, gente.... fantasma assusta todo mundo. Seria uma boa ideia se eu criasse um fantasma que, em vez de assustar, vivia assustado.

[...]

<locutor>

A atual diretora do tablado, Cacá Mourthé, sobrinha de Maria Clara Machado, diz que a tia descobriu o dom de como falar com crianças.

< Cacá Mourthé >

[...]

Ela escrevia para a criança acreditando na inteligência da criança. Não querendo ensinar nada, não querendo doutrinar, mas querendo que a criança percebesse....

[...]

Radioagência Nacional, de Brasília, Luiz Claudio Ferreira, 3 abr. 2021.

Maria Clara Machado.

1 Você conhece Maria Clara Machado?

2 Você já assistiu a alguma peça escrita por ela?

3 Leia o texto transcrito do áudio com atenção.

a) Quais sons estão indicados no texto?

b) Quem você imagina que produz esses sons?

c) Segundo o locutor, por que as crianças estão fazendo barulho?

d) Qual som anuncia que o espetáculo vai começar?

e) Além da voz do locutor, que outras vozes aparecem no trecho transcrito?

Locutor é o profissional de rádio ou televisão que apresenta programas, faz entrevistas, dá notícias. O locutor precisa ter boa dicção e falar com calma e clareza.

Sonoplasta é o profissional encarregado dos sons (música, ruídos, vozes) que aparecem no áudio ou em um espetáculo.

4 Agora, você e alguns colegas vão gravar um áudio contando aos ouvintes sobre uma peça de teatro realizada ao ar livre, em um parque.

a) Criem um texto curto.

b) Separem os materiais necessários para a sonoplastia.

c) Escolham quem será o locutor.

5 Gravem o áudio com o celular e depois mostrem aos outros grupos. Vai ser divertido!

Do som à letra!

A professora Sara e seus alunos escolheram uma peça de teatro para assistir e resolveram ler uma reportagem sobre ela, para ter mais informações. Veja.

Defesa Civil leva Teatro de Fantoches para a Cidade da Segurança Pública

Medidas para evitar o novo coronavírus e o uso racional da água são temas abordados nas apresentações

A peça trabalha a conscientização para uso dos recursos hídricos e inclui informações para evitar o contágio pelo novo coronavírus.

As apresentações, voltadas para o público infantojuvenil, são realizadas em uma tenda que faz parte da estrutura montada em frente à Administração Regional de Planaltina. "Antes de iniciarmos o teatro, o Kiko, mascote da Defesa Civil, começa a entregar material da Defesa Civil Nacional e convidar o público para a apresentação de logo mais", conta o subsecretário da Defesa Civil, coronel Alan Araújo.

A peça trata sobre o uso racional da água, mas foi adaptada ao período de pandemia. "Fazíamos apresentações para escolas, que foram suspensas devido à pandemia. O roteiro é muito pertinente, pois trabalha a conscientização para uso dos recursos hídricos e inclui informações quanto ao período que estamos vivendo, como a importância do uso de máscaras e a limpeza das mãos", explica Araújo.

A plateia fica em cadeiras, com distância média de dois metros entre os espectadores para evitar aglomeração. "Nosso boneco da Defesa Civil também disponibiliza álcool gel para o público e distribui máscaras de proteção facial para quem comparece sem o equipamento", esclarece o assessor da pasta, capitão Claudio Brasil.

A psicóloga e agente da Defesa Civil, Benedita Santos, narra a história e faz a interação dos bonecos com o público. "São três bonecos, duas crianças e um idoso, todos com máscara facial. Os fantoches mostram situações cotidianas para crianças, como um adulto que lava a calçada com mangueira. Ao saber disso, o personagem infantil alerta para o desperdício de água. As crianças levam o aprendizado para casa e repassam à família", explica.

Renata Lu. Defesa Civil leva Teatro de Fantoches para a Cidade da Segurança Pública. **Agência Brasília**. Brasília, 26 nov. 2020. Disponível em: <http://mod.lk/fantoch2>. Acesso em: 13 maio 2021.

Reportagens são textos publicados em jornais e revistas (impressos ou digitais), com o objetivo de informar o leitor, de modo detalhado, sobre determinado assunto.

Para produzir uma reportagem, o **repórter** precisa apurar os dados e entrevistar especialistas e pessoas relevantes para o caso, sempre considerando todos os lados da questão.

Como oferecem grande quantidade de informações de maneira organizada e em linguagem clara e objetiva, as reportagens possibilitam que o leitor forme a própria opinião sobre o assunto tratado.

1 Acompanhe com bastante atenção a leitura que sua professora fará da reportagem.

- Que espécie de teatro é citado na reportagem?

2 Releia um trecho da reportagem.

"Antes de iniciarmos o teatro, o Kiko, mascote da Defesa Civil, começa a entregar material da Defesa Civil Nacional e convidar o público para a apresentação"

a) Você sabe o que é uma mascote?

b) Qual é o nome da mascote da Defesa Civil? _____

c) O que essa mascote faz antes de iniciar o teatro?

_____

_____

3 Releia um trecho da reportagem.

"Nosso boneco da Defesa Civil também disponibiliza álcool gel para o público e distribui máscaras de proteção facial para quem comparece sem o equipamento"

a) O que o boneco disponibiliza para o público?

b) Para quem ele distribui máscaras de proteção?

c) Por que essas medidas são importantes?

4 Releia mais um trecho da reportagem.

O roteiro é muito pertinente, pois trabalha a conscientização para uso dos recursos hídricos.

- Copie a informação substituindo **recursos hídricos** por uma destas expressões: **da água**, **do fogo**, **da terra**.

_____

_____

5 Ouça com atenção a leitura que sua professora fará da palavra a seguir.

ÁGUA

a) Leia essa palavra em voz alta.

b) Separe as sílabas dessa palavra.

c) Que sons formam a sílaba com **G**?

d) Quantas letras compõem essa sílaba?

6 Agora, ouça com atenção a leitura que sua professora fará da palavra a seguir.

MANGUEIRA

a) Leia essa palavra em voz alta.

b) Separe as sílabas dessa palavra.

c) Que sons formam a sílaba com **G**?

d) Quantas letras compõem essa sílaba?

e) Qual das letras não representa som algum?

> O **GU** pode representar:
> - dois sons, como em **água**.
> - um único som, como em **mangueira**.
>
> Depende da vogal que forma sílaba com ele:
> - seguido de **A** e **O**, **GU** representa dois sons.
> - seguido de **E** e **I**, **GU** geralmente representa um único som.

7 Leia as palavras do quadro.

guaraná	guirlanda	ambíguo	guichê
guardanapo	caranguejo	régua	língua
guitarra	preguiçoso	sangue	guarda

- Circule as palavras em que **GU** representa dois sons.

Ouvindo é que se aprende!

A arte da mímica

O rosto pintado de branco, os olhos contornados de preto e a boca exageradamente desenhada ressaltam as expressões faciais. As mãos enluvadas se movimentam em gestos mágicos, transmitindo mensagens e comunicando-se, sem palavras, com o público. Não há quem não preste atenção naquela imagem.

Os atores da mímica se fazem presentes em nossas vidas, brincando com os fatos do cotidiano e chamando a atenção para o que, muitas vezes, não percebemos: os sentimentos de alegria ou tristeza, a raiva, a dor, o absurdo e o ridículo de certos comportamentos, tentando corporificar a vida em sua plenitude.

Essa arte do gesto está nos teatros, nos parques, nas praças de alimentação dos *shoppings*, nos sinais de trânsito. Ela procura retratar a ação, o movimento da vida e é considerada um dos meios mais antigos de autoexpressão, sendo a base da comunicação do homem pré-histórico, que, em seus ritos, incorporava gestos e sons.

[...]

Mércia Maria Leitão; Neide Duarte. A arte da mímica. **MultiRio – a mídia educativa da cidade**. Rio de Janeiro, 17 jul. 2015. Artigos. Disponível em: <http://mod.lk/mimica>. Acesso em: 7 jun. 2021.

1 Ouça a leitura que sua professora fará do texto.

a) Você já tinha ouvido falar de mímica?

b) Como o texto define essa prática?

c) Como os atores de mímica se comunicam com o público?

d) O que eles tentam transmitir?

2 Leia em voz alta, com a professora, este trecho do texto.

Os atores da mímica se fazem presentes em nossas vidas, brincando com os fatos do cotidiano e chamando a atenção para o que, muitas vezes, não percebemos: os sentimentos de alegria ou tristeza, a raiva, a dor, o absurdo e o ridículo de certos comportamentos, tentando corporificar a vida em sua plenitude.

a) Circule os sinais de pontuação.

b) Que sinais você identificou?

c) Como você leu cada um deles?

> Os **dois-pontos (:)** representam uma pausa no discurso. Eles indicam que serão apresentados:
> - exemplos
> - uma lista
> - uma explicação
> - a fala de personagens

3 Copie do trecho que você leu o que muitas vezes não percebemos e que os atores de mímica mostram em sua encenação.

_____

_____

_____

- Que sinal de pontuação introduziu as informações que você copiou?

Vamos praticar?

Hoje, a turma da professora Sara resolveu brincar de mímica no intervalo!

Você já brincou de mímica? Você vai precisar se comunicar com os colegas sem dizer uma só palavra!

COMO BRINCAR

Combine com os colegas algumas ações para representar por meio da mímica.

Escrevam cada ação em uma tira de papel e coloquem todas as tiras em uma caixa.

Formem dois grupos.

Cada grupo deve se organizar para que todos os participantes sejam o mímico uma vez.

Um grupo por vez vai sortear uma tira. O mímico da rodada deve ler em silêncio a ação sorteada e não pode contar para ninguém o que vai representar.

O grupo que descobrir a ação representada ganha um ponto.

Vence a brincadeira o grupo que fizer mais pontos.

Atenção: não vale fazer nenhum som nem dizer nenhuma palavra!

EM CASA

Que tal criar mais desafios como esses?

Escreva desafios em tiras de papel e brinque de mímica com seus familiares.

Palavras e mais palavras...

Uriel e Vítor inventaram uma brincadeira de mímica diferente: um deveria fazer o contrário do outro.

Uriel está feliz.

Vítor está infeliz.

Dizemos que **infeliz** é **antônimo** de **feliz**.

Antônimos são palavras que têm significados contrários ou opostos.

1 Copie do quadro os antônimos das palavras a seguir.

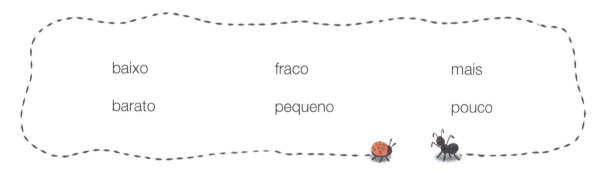

baixo   fraco   mais
barato   pequeno   pouco

Menos – _____

Forte – _____

Alto – _____

Muito – _____

Grande – _____

Caro – _____

2 As palavras abaixo têm seu antônimo dentro de si mesmas.

> infeliz • imperfeito
>
> incompleto • incerto
>
> impossível • incompreensível

a) Circule o antônimo de cada palavra.

b) O que essas palavras têm em comum?

c) Tirando o antônimo, o que resta em cada palavra?

> Alguns **antônimos** são formados pelo acréscimo de **im** ou **in** no começo da palavra.
>
> Usamos **im** somente antes de **B** e **P**.

3 Agora, vamos brincar? Sua professora vai falar uma palavra três vezes e você deve responder dizendo o **antônimo** dessa palavra três vezes também. Veja.

Fala da professora: alto, alto, alto.

Sua fala: baixo, baixo, baixo.

Mas atenção! Para ficar mais desafiador, sua professora vai, algumas vezes, misturar as palavras e você precisará misturar também. Veja.

Fala da professora: alto, baixo, alto.

Sua fala: baixo, alto, baixo.

Fique atento!

4 Ao término da brincadeira, registre as palavras que você ouviu e os antônimos que você falou.

Criando com as palavras!

Folheto

A professora Sara e sua turma chegaram ao teatro. Vítor e seus amigos estão encantados!

Assim que entraram no teatro, todos receberam um folheto com informações sobre o espetáculo. Veja.

TEATRO ENCANTADO

A história **Teatro Encantado**, do Grupo de Teatro Amigos, escrito e dirigido por Kátia Rodrigues, é uma das histórias mais encantadoras que você já viu!

Música, bonecos e pessoas entram em cena criando um mundo de fantasia e sonho.

PERSONAGENS

Você vai se divertir com Pedrinho, o boneco que quer ser um menino de verdade, com Amélia, a fadinha atrapalhada, e com Janjão, o guardião dos brinquedos.

PROGRAMAÇÃO

De sexta a domingo, durante todo o mês de maio.

Sessões às 15h e às 19h.

ATENÇÃO

Para aproveitar bem o espetáculo, fique atento às regras!

- Após o terceiro sinal, desligue o celular e fique em silêncio.
- Não coma nem beba durante a apresentação.
- Não tire fotos nem filme.
- Permaneça sentado até o fim da apresentação.

Folheto é um pequeno impresso que apresenta texto curto e informativo, escrito com letras grandes e chamativas, e imagens atrativas e de cores vivas.

Por ser feito em folha de papel única e avulsa, o folheto tem grande circulação.

Agora é sua vez de produzir um folheto bem criativo e colorido!

1. Você vai precisar de uma folha de papel sulfite, lápis e canetas coloridas e tesoura de pontas arredondadas.

2. Corte a folha de papel sulfite ao meio e reserve.

3. A professora vai entregar a você a notícia de alguma peça de teatro de sua cidade.

4. Copie da notícia as informações sobre o espetáculo que entrarão no seu folheto.

- nome da peça: _____
- nome do diretor: _____
- personagens que fazem parte da história:

  _____
  _____
  _____

- programação, informando dia e hora da apresentação:

  _____
  _____
  _____

5. Escreva regras para uma boa convivência na sala do espetáculo.

_____

_____

_____

_____

6. Com tudo pronto, separe metade da folha de papel sulfite – ela será seu folheto.

7. Organize as informações que você copiou na frente e no verso da folha. Faça letras bem legíveis e que chamem a atenção.

8. Ilustre o folheto com um desenho bastante colorido e alegre, para atrair o leitor.

9. Divulgue a peça dando seu folheto a um colega.

Vamos ler um texto teatral?

PLUFT, O FANTASMINHA

ATO ÚNICO

Cenário: *Um sótão. À direita, uma janela dando para fora, de onde se avista o céu. No meio, encostado à parede do fundo, um baú. Uma cadeira de balanço.* [...]
Ao abrir o pano, a Senhora Fantasma faz tricô, balançando-se na cadeira, que range compassadamente. Pluft, o fantasminha, brinca com um barco. Depois larga o barco e pega uma velha boneca de pano. Observa-a por algum tempo.

Pluft: Mamãe!

Mãe: O que é, Pluft?

Pluft: (*Sempre com a boneca de pano.*) Mamãe, gente existe?

Mãe: Claro, Pluft, claro que gente existe.

Pluft: Mamãe, eu tenho tanto medo de gente! (*Larga a boneca.*)

Mãe: Bobagem, Pluft.

Pluft: Ontem passou lá embaixo, perto do mar, e eu vi.

Mãe: Viu o quê, Pluft?

Pluft: Vi gente, mamãe. Só pode ser. Três.

Mãe: E você teve medo?

Pluft: Muito, mamãe!

Mãe: Você é bobo, Pluft. Gente é que tem medo de fantasma e não fantasma que tem medo de gente.

Pluft: Mas eu tenho.

Mãe: Se seu pai fosse vivo, Pluft, você apanharia uma surra com esse medo bobo. Qualquer dia desses eu vou te levar ao mundo para vê-los de perto.

Pluft: Ao mundo, mamãe?!!

Mãe: É, ao mundo. Lá embaixo, na cidade...

Pluft: (*Muito agitado, vai até a janela. Pausa.*) Não, não, não. Eu não acredito em gente, pronto...

Mãe: Vai sim, e acabará com essas bobagens. São histórias demais que o tio Gerúndio conta para você. [...]

Pluft: Eu não iria nem a pau.

Mãe: Onde, Pluft?

Pluft: Trabalhar no mar. Tenho medo de gente e de mar também. É muito grande e azul demais... (*De repente Pluft se assusta.*) Oh! (*Corre até a mãe, sem voz, e torna à janela.*) Mamãe, olha lá. Iiii... Estão vindo (*Corre e senta-se no colo da mãe.*) Mamãe, mamãe, acode!! Eles estão vindo... vindo do mar... e subindo a praia.

Mãe: (*Desvencilhando-se de Pluft, que continua agarrado à sua saia, dirige-se até a janela.*) Não é possível. Desde que nos mudamos para cá ninguém subiu aqui! (*Pausa.*) É verdade. Lá vêm eles. [...]

Pluft: (*Tremendo.*) Que medo... que medo... que medo... [...]

Pluft e a mãe põem-se a escutar. Ouve-se o barulho de passadas pesadas. Os dois desaparecem. [...]

Maria Clara Machado. *Pluft, o fantasminha e outras peças.* Rio de Janeiro: Nova Fronteira, 2017.

Acode: ajuda.

Você sabe o que é um texto teatral?

O **texto teatral** é produzido para ser encenado. Para sua realização, é preciso ator, texto e público (plateia).

O texto teatral apresenta:

- **atos** – divisões da peça que representam os diferentes momentos da ação na história. Na mudança de ato, geralmente há troca de cenário.
- **cenário** – lugar onde se passa a história. O texto teatral traz uma descrição detalhada de como deve ser o cenário, o que servirá para a montagem do palco.
- **fala das personagens** – expressão verbal das personagens. As falas vêm indicadas pelo nome da personagem seguido de dois-pontos.
- **rubricas** – textos que orientam o modo como as personagens devem se movimentar no palco, incluindo as emoções que devem expressar.

Outros elementos que aparecem indicados no texto teatral são o figurino (a roupa das personagens), a música, a sonoplastia e a iluminação.

1. Ouça a leitura que sua professora fará do texto.

a) Você já conhecia essa peça?

b) Quem são as personagens que aparecem nesse trecho da peça?

c) O que Pluft pergunta a sua mãe?

d) O que interrompe a conversa de Pluft com a mãe?

e) De quem você imagina que sejam as passadas pesadas que Pluft e sua mãe escutam?

2. Leia este trecho.

Ao abrir o pano, a Senhora Fantasma faz tricô, balançando-se na cadeira, que range compassadamente. Pluft, o fantasminha, brinca com um barco. Depois larga o barco e pega uma velha boneca de pano. Observa-a por algum tempo.

a) A que pano se refere o autor?

b) Quem é a Senhora Fantasma?

c) Qual é a função desse trecho no texto teatral?

3 Reúna-se com dois colegas para ler o texto teatral.

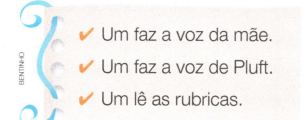

- Um faz a voz da mãe.
- Um faz a voz de Pluft.
- Um lê as rubricas.

BENTINHO

a) Como vocês interpretaram a voz de Pluft?

b) Foi mais divertido ler as falas das personagens ou as rubricas? Por quê?

4 Agora, vamos ler em voz alta para a turma? Reúna-se com dois colegas e se preparem.

- Antes de se apresentarem, repitam as falas em voz baixa algumas vezes para familiarizarem-se com elas.
- Prestem atenção à pontuação.
- Leiam com expressão apropriada ao significado.
- Mantenham a atenção durante toda a leitura.
- Explorem a expressão facial e a entonação da voz para representar as personagens.

5 Leia o trecho a seguir em voz alta o melhor que puder.

Pluft: Mamãe, eu tenho tanto medo de gente! (*Larga a boneca.*)

Mãe: Bobagem, Pluft.

Pluft: Ontem passou lá embaixo, perto do mar, e eu vi.

Mãe: Viu o quê, Pluft?

Pluft: Vi gente, mamãe. Só pode ser. Três.

Mãe: E você teve medo?

Pluft: Muito, mamãe!

a) Em quantos minutos você leu esse trecho? _____

b) Teve dificuldade em pronunciar alguma das palavras?

c) Conseguiu representar de modo diferente cada personagem?

d) Como você avalia sua leitura?

Um pouco boa	Boa	Muito boa

Unidade 3

Visitando lugares de pesquisa

Maria está tomando vacina, mas não entende bem para que elas servem.

A enfermeira que estava no local explicou que as vacinas protegem as pessoas de doenças e são desenvolvidas pelos cientistas.

Maria ficou muito curiosa a respeito do assunto e pediu à professora Sara que falasse sobre isso na aula.

- Você se lembra da última vez em que tomou vacina?
- Como você imagina que as vacinas funcionam?
- Você acha importante tomar vacina?
- Você sabe o que são cientistas?

Capítulo 5
Visitando o Instituto Butantan

Do som à letra!

A professora Sara adorou a ideia de falar sobre os cientistas e as vacinas, pois são assuntos muito importantes. Tanto que ela está planejando levar a turma para visitar um lugar que tem tudo a ver com ciência, pesquisa e vacinas: o Instituto Butantan.

A professora Sara resolveu, antes, mostrar para os alunos um texto muito interessante que explica um pouco o que é ciência. Veja.

Ciência é para todos!

[...]

É muito, muito importante mesmo que a ciência exista. Quem faz a ciência são os cientistas (e as cientistas, é claro!). Ser cientista é fazer perguntas sobre o mundo ao nosso redor, tentar encontrar respostas possíveis para essas perguntas, testar possibilidades, tirar conclusões e fazer mais testes para comprovar essas conclusões. Das pesquisas científicas saem muitas soluções para questões do nosso dia a dia.

A ciência pode, por exemplo, prevenir doenças, descobrir a origem das coisas, criar equipamentos para a nossa comunicação, assim como também pode ajudar a retirar pessoas da extrema pobreza, resolver problemas da falta de água, de luz, de educação e muito mais! Isso é ter a ciência ajudando a reduzir as desigualdades. [...]

Claudia Mermelstein. Ciência é para todos! *Ciência Hoje das Crianças*. Disponível em: <http://mod.lk/cienc>. Acesso em: 16 jun. 2021.

1 Leia o texto com atenção.

a) Como a ciência pode ajudar as questões do dia a dia?

b) O que é ser cientista?

2 Sua professora vai ler o nome da página da internet da qual o texto foi retirado.

Ciência Hoje das Crianças

a) Quantas palavras formam esse nome? _____

b) Considerando o nome dessa página, para quem você acha que esse texto foi escrito?

☐ Para crianças.

☐ Para cientistas.

c) Na sua opinião, por que escreveram esse texto para essas pessoas?

d) Você pensa que as pessoas devem conhecer o que os cientistas pesquisam e descobrem? Por quê?

3 Leia a palavra em voz alta.

crianças

a) Quantas sílabas essa palavra tem? _____

b) Fale em voz alta a primeira sílaba.

c) Quais são os sons iniciais dessa sílaba?

d) Escreva as letras que representam esses sons. _____

> A reunião de duas ou mais consoantes sem vogal entre elas é chamada de **encontro consonantal**, como **CR**.

4 Copie do texto **Ciência é para todos!** outra palavra com **CR**.

_____

109

5 Forme o nome das figuras com as sílabas do quadro.

cro	ne	cro	pes	ba	co	a
mi	lo	fo	ta	cre	di	cro

- Leia em voz alta as palavras que você formou.

6 Ligue **CR** às vogais.

cr

a   e   i   o   u

- Que sílabas você formou?

110

7 Observe as imagens e complete as palavras com **CRA**, **CRE**, **CRI** ou **CRO**.

_____ que

es _____ ver

_____ anças

_____ vos

8 Leia estas palavras que aparecem no texto.

descobrir   pobreza

a) Separe as sílabas das palavras que você leu.

b) Circule as sílabas que começam com os mesmos sons.

c) Que letras representam esses sons? _____

BR é encontro consonantal.

Alguns **encontros consonantais** não se separam na divisão silábica, como **CR** e **BR**.

9 Circule as figuras dos animais que têm encontro consonantal no nome.

a) Escreva com o alfabeto móvel o nome dos animais que você circulou.

b) Separe as sílabas desses nomes.

c) Quantas sílabas tem cada nome?

d) Em qual das sílabas há um encontro consonantal?

10 Ligue **BR** às vogais.

br

a e i o u

br

a e i o u

- Que sílabas você formou?

112

11 Complete as palavras a seguir com as sílabas que você formou com **BR**.

_____ sil   po _____   ze _____

_____ xa   _____ to   o _____ gado

a) Leia em voz alta as palavras que você completou.

b) Copie as palavras em que o encontro consonantal está na primeira sílaba.

_____

c) Copie as palavras em que o encontro consonantal está no meio da palavra.

_____

d) Copie as palavras em que o encontro consonantal está na última sílaba.

_____

12 Complete as palavras a seguir com **CR** ou **BR**.

_____ achá   som _____ a

_____ eme   _____ inquedos

• Leia em voz alta as palavras que você formou.

A professora Sara mostrou aos alunos um texto que fala sobre vacinas. Veja.

Como funcionam as vacinas e como são produzidas?

Lembra quando você achava muito chato ir ao posto de saúde para tomar vacina? Sentir aquela agulha espetando a pele realmente não é uma sensação muito boa e às vezes até fica dolorido, não é mesmo? Tomar vacina pode até doer, mas passa rapidinho... e você toma por uma boa razão, pode acreditar!

[...]

Mas como será que as vacinas funcionam?

Na natureza, existem microrganismos, como alguns vírus e bactérias, que, quando entram em contato com o nosso corpo, são capazes de nos deixar doentes. E é por isso que a gente toma a vacina: para não ficar doente! Esses organismos provocam a morte das nossas células ao injetarem seu material genético no interior delas. Ah, e tem mais: para se multiplicarem, eles também precisam estar dentro das nossas células, que funcionam como um ambiente perfeito para manterem o ciclo de vida do vírus.

As vacinas são produzidas a partir desses microrganismos, mas tem um grande detalhe: para a produção das vacinas, os microrganismos passam por alguns processos que os deixam bem fraquinhos e sem força, incapazes de nos fazer algum mal.

Quando entram no nosso corpo, as vacinas estimulam a produção de células de memória. Essas células reconhecem os vírus e as bactérias que tentam nos infectar e produzem substâncias muito poderosas, chamadas de anticorpos, que destroem esses microrganismos. E é assim que o nosso corpo se protege. Viu só que interessante?

[...]

Bárbara Kelem. *Como funcionam as vacinas e como são produzidas?* Universidadedas Crianças. Disponível em: <http://mod.lk/vaci>. Acesso em: 25 maio 2021.

1. Leia o texto com atenção.

   a) Por que é importante saber como as vacinas funcionam?

   b) A vacina cura doenças?

   c) Para que servem as vacinas?

   d) Como as vacinas são produzidas?

2. Releia esta parte do texto.

   As vacinas são produzidas a partir desses microrganismos, mas tem um grande detalhe: eles passam por alguns processos que os deixam bem **fraquinhos** e sem força, incapazes de nos fazer algum mal.

   a) Por que os microrganismos que estão nas vacinas não nos fazem mal?

   _____

   _____

   b) Copie abaixo a palavra destacada no trecho que você releu.

   ☐

   c) Separe as sílabas dessa palavra.

   d) Circule a quantidade de sílabas que essa palavra tem.

       1   2   3   4

   e) Leia em voz alta a primeira sílaba.

   f) Quais sons iniciam essa sílaba?

   g) Que letras representam esses sons? _____

   > **FR** é um **encontro consonantal**.
   >
   > **FR** também não se separa na divisão silábica.

3 Circule a figura cujo objeto tem encontro consonantal no nome.

a) Escreva o nome do objeto que você circulou.

_____

b) Separe as sílabas desse nome.

_____

c) As consoantes **F** e **R** ficaram na mesma sílaba ou em sílabas distintas?

4 Ligue as letras **FR** às vogais.

fr						fr					
a	e	i	o	u		a	e	i	o	u	

- Que sílabas você formou?

_____

_____

117

5 Leia as palavras abaixo.

> *fruteira   cofre   refrigerante   frigideira*

a) Agora, escreva cada uma dessas palavras no espaço correspondente.

b) Separe as sílabas de cada uma das palavras que você escreveu.

_____

_____

_____

_____

c) As consoantes **F** e **R** ficaram na mesma sílaba ou em sílabas distintas?

6 Releia um trecho do texto.

> Quando **entram** no nosso corpo, as vacinas estimulam a produção de células de memória. Essas células reconhecem os vírus e as bactérias que tentam nos infectar e produzem substâncias muito poderosas, chamadas de anticorpos, que **destroem** esses microrganismos. E é assim que o nosso corpo se protege. Viu só que interessante?

a) Leia em voz alta as palavras destacadas.

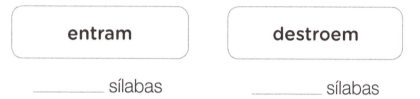

_____ sílabas   _____ sílabas

b) Separe essas palavras em sílabas.

c) Escreva abaixo de cada palavra quantas sílabas ela tem.

d) Circule as sílabas que começam com o mesmo som.

e) Leia essas sílabas em voz alta.

f) Quais são os sons iniciais dessas sílabas?

g) Quais letras representam esses sons? _____

h) Você conhece outra palavra em que apareça esse som?

7 Ligue **TR** às vogais.

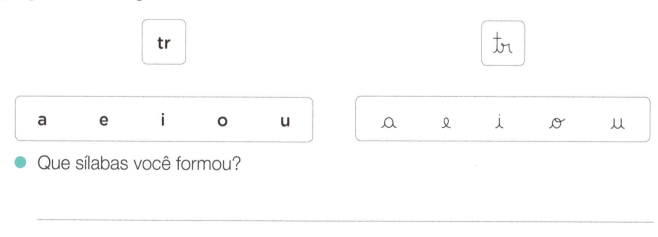

- Que sílabas você formou?

_____

_____

8 Diga em voz alta o nome dos elementos ilustrados.

a) Escreva os nomes que você falou com o alfabeto móvel.

b) Separe as sílabas que compõem cada nome.

c) As consoantes **T** e **R** ficaram na mesma sílaba ou em sílabas distintas?

9 Complete as palavras a seguir com **FR** ou **TR**.

_____isteza   _____ango   _____ave

as_____onauta   _____apê   _____ança

a) Separe as sílabas das palavras que você formou.

b) As consoantes **T** e **R** ficaram na mesma sílaba ou em sílabas distintas?

c) As consoantes **F** e **R** ficaram na mesma sílaba ou em sílabas distintas?

Em muitos casos, as consoantes dos **encontros consonantais** formam uma só sílaba.

É muito comum esses **encontros** terminarem em **R**, como **CR**, **BR**, **FR**, **TR**.

Vamos praticar?

Os cientistas estão sempre observando, questionando e levantando hipóteses. Levantar hipótese é fazer uma suposição a respeito de algo que pode ser comprovado ou não.

Para testar uma hipótese, os cientistas fazem experimentos.

Os alunos da professora Sara resolveram fazer um experimento brincando com as sombras.

1 Que tal fazer de conta que você também é um cientista e testar hipóteses em uma brincadeira com sombras? Para brincar, será preciso um dia de sol.

COMO BRINCAR

Materiais: garrafas PET encapadas com papel, lápis e folha de papel para desenhar, giz de lousa, brinquedos e outros objetos para formar sombras.

Modo de fazer

Reúna-se com os colegas ao ar livre (na quadra ou no pátio, por exemplo) em um dia ensolarado.

Coloquem as garrafas em um lugar onde projetem sombras.

Com o giz, contornem no chão a sombra que as garrafas projetaram.

Quando terminarem o contorno, peçam à professora que anote a hora em que essa sombra foi projetada.

Observem a posição do Sol nesse momento.

Esperem uma ou duas horas e voltem ao lugar onde as garrafas estão para ver o que aconteceu com as sombras delas.

A professora vai anotar a hora novamente e vocês devem novamente observar a posição do Sol.

Converse com os colegas:

- O que parece ter acontecido com o Sol?
- A posição da sombra mudou?
- Qual será a relação entre a sombra e a luz do Sol?

- Registre aqui suas observações.

_____
_____
_____
_____
_____
_____
_____
_____

2 Leia suas observações para os colegas e ouça com atenção as que eles anotaram.

EM CASA

Agora, é hora de brincar com seus familiares!

Peguem brinquedos ou outros objetos, folhas de papel e lápis.

Posicionem um brinquedo ou objeto perto da folha para projetar sombra nela.

Usem o lápis para contornar a sombra formada.

Registrem a hora em que contornaram a sombra.

Repita os procedimentos após duas horas.

O que vocês observaram?

Do som à letra!

A professora Sara conversou com os alunos sobre o Instituto Butantan, e eles gostaram muito do que descobriram.

Veja o texto que ela apresentou para a turma.

Instituto Butantan, na cidade de São Paulo.

Instituto Butantan

O Instituto Butantan é um importante centro de pesquisas sobre saúde. Ele se situa na cidade de São Paulo e foi criado em 1901, ou seja, há mais de 100 anos!

Esse instituto é responsável por grande parte da produção de vacinas do Brasil. As vacinas fabricadas no Butantan são adquiridas pelo governo federal e distribuídas gratuitamente para os brasileiros pelo Sistema Único de Saúde (SUS), inclusive a vacina contra a Covid-19, produzida em parceria com uma empresa chinesa. Na ciência, a colaboração é muito importante!

Rui Barbosa (de bengala) visita o Instituto Butantan e, à sua esquerda, Vital Brazil. 1914.

Vital Brazil utilizando o laço para pegar uma cobra. 1911.

Além de vacinas, o Butantan também desenvolve soros contra, por exemplo, o veneno de cobras. Na época de sua fundação, o Butantan foi dirigido por Vital Brazil. Esse importante médico ficou conhecido no mundo todo por criar o soro antiofídico, ou seja, contra o veneno de cobras.

Além de produtos com alto padrão de qualidade, o Butantan também se destaca pela divulgação científica de suas pesquisas para as pessoas conhecerem o trabalho lá realizado.

Viu como a ciência contribui para que a sociedade fique livre de doenças?

Fonte de pesquisa: Instituto Butantan.
Disponível em: <http://mod.lk/instbuta>.
Acesso em: 19 jun. 2021.

1 Leia o texto com atenção.

a) Você já tinha ouvido falar sobre o Butantan?

b) O que o Instituto Butantan faz?

c) Qual é o nome do médico que desenvolveu o soro contra o veneno de cobras?

2 Releia um trecho do texto.

    Além de produtos com alto padrão de qualidade, o Butantan também se destaca pela divulgação científica de suas pesquisas para as pessoas conhecerem o trabalho lá realizado.

- O que quer dizer **alto padrão de qualidade**?

☐ A melhor maneira de fazer um produto.

☐ A maneira mais difícil de fazer um produto.

3 Leia em voz alta a palavra a seguir.

> **padrão**

a) Separe as sílabas dessa palavra com uma barra.

b) Quantas sílabas essa palavra tem? _____

c) Fale em voz alta a última sílaba dessa palavra.

d) Quais são os sons iniciais dessa sílaba?

e) Que letras representam esses sons? _____

4 Ligue **DR** às vogais.

dr

| a | e | i | o | u |

dr

| a | e | i | o | u |

- Que sílabas você formou?

> **DR** é um **encontro consonantal**.
>
> Em **DR**, as consoantes não se separam na divisão de sílabas.

5 Circule a imagem do objeto em cujo nome aparece o encontro consonantal **DR**.

a) Escreva o nome do objeto que você circulou.

_____

b) Separe as sílabas desse nome.

_____

c) As consoantes do encontro consonantal **DR** ficaram na mesma sílaba?

_____

6 Organize as sílabas dos quadros para formar palavras com o encontro consonantal **DR**.

| nha ma dri |

_____

| gão dra |

_____

| ga ma dru da |

_____

| ga dro ri a |

_____

127

7 Leia estas palavras que aparecem no texto.

| grande | gratuitamente |

a) Separe essas palavras em sílabas.

b) Quais são os sons iniciais da primeira sílaba dessas palavras?

c) Quais letras representam esses sons? _____

8 Ligue **GR** às vogais.

| gr | | gr |
|----| |----|

| a   e   i   o   u | | a   e   i   o   u |

a) Que sílabas você formou?

b) Circule o objeto que **não** tem esse encontro consonantal no nome.

c) Escreva o nome das figuras que você não circulou.

_____

_____

> **GR** é um **encontro consonantal**.
>
> Em **GR**, as consoantes não se separam na divisão de sílabas.

9 Agora, releia em voz alta estas palavras do texto.

| produção | produzida | empresa | produtos |

a) Separe essas palavras em sílabas.

b) Com que vogais o encontro consonantal **PR** formou sílaba?

_____

c) Quais são os sons iniciais dessas sílabas?

10 Leia em voz alta outras palavras que têm o encontro consonantal **PR**.

| prática | preferência | primavera | aprumar |

a) Separe essas palavras em sílabas.

b) Com que vogais o encontro consonantal **PR** formou sílaba?

_____

c) Quais são os sons iniciais dessas sílabas?

11 Ligue **PR** às vogais.

pr

a e i o u

pr

a e i o u

- Que sílabas você formou?

> **PR** é um **encontro consonantal**.
>
> Em **PR**, as consoantes não se separam na divisão de sílabas.

12 Copie a última frase do texto.

_____

_____

a) Em umas das palavras que você copiou, aparece o encontro consonantal **VR**. Reescreva essa palavra no quadro.

[   ]

b) Leia essa palavra em voz alta.

c) Separe essa palavra em sílabas.

d) As consoantes do encontro consonantal **VR** ficaram na mesma sílaba ou em sílabas separadas?

13 Ligue **VR** às vogais.

| vr |
| a   e   i   o   u |

| vr |
| a   e   i   o   u |

- Que sílabas você formou?

> **VR** é um **encontro consonantal**.
> Em **VR**, as consoantes não se separam na divisão de sílabas.

EM CASA

Com a ajuda de um familiar, procure em livros ou revistas palavras que tenham os encontros consonantais **CR**, **BR**, **FR**, **TR**, **DR**, **GR**, **PR** e **VR**.

Depois, escreva as palavras que você encontrou com seu alfabeto móvel.

Palavras e mais palavras...

A professora Sara e seus alunos foram pesquisar mais como os cientistas trabalham. Veja o texto que eles encontraram.

Ciência e método científico

A ciência é um **vasto** campo de estudos cujo objetivo é buscar conhecimento sobre o Universo e tudo o que se encontra nele. As pessoas que trabalham com ciência são chamadas de cientistas. A forma de trabalhar dos cientistas chama-se método científico. [...]

O método científico

Os cientistas acreditam que existe uma explicação natural para a maior parte das coisas. Para estudar qualquer assunto, eles fazem muitas observações e tentam entender as causas dos problemas, para então buscar uma solução para eles. Ao aprender o que causa uma doença, por exemplo, os cientistas podem trabalhar para encontrar uma cura ou impedir que ela se espalhe.

O procedimento que os cientistas utilizam para resolver problemas é chamado de método científico. Primeiro, eles tentam descobrir o máximo possível sobre o assunto que estão estudando. Em seguida, formulam uma **hipótese** para explicar o problema. O próximo passo é testar a hipótese por meio de **experimentos**. Se os experimentos não confirmarem a hipótese, os cientistas a **revisam** e a testam de novo. Mas, se a hipótese for confirmada, ela será aceita como verdadeira. Uma hipótese só deixa de ser aceita como verdadeira quando alguém faz novos experimentos e prova que ela é falsa. [...]

CIÊNCIA E MÉTODO CIENTÍFICO. In: *Britannica Escola*. Disponível em: <http://mod.lk/cientif>. Acesso em: 20 jun. 2021.

1. Segundo o texto, qual procedimento os cientistas usam para resolver problemas?

2. Observe as palavras do texto.

> experimentos   hipótese   revisam   vasto

- A frase a seguir se refere a qual dessas palavras? Circule-a.

   É uma explicação possível sobre algo. Ela deve ser testada para ser considerada verdadeira ou falsa.

3. Para que servem os experimentos?

- Marque **X** no quadrinho da imagem que apresenta um experimento.

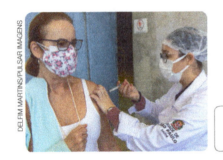 

4. Dependendo do resultado do experimento, os cientistas revisam a hipótese.

- O que significa **revisar**? Sublinhe a resposta certa.

   Rever, estudar mais para saber se a hipótese é verdadeira ou falsa.

   Desistir dessa hipótese e escolher outro assunto para estudar.

5. Releia esta frase do texto.

   A ciência é um vasto campo de estudos cujo objetivo é buscar conhecimento sobre o Universo e tudo o que se encontra nele.

- O que as palavras destacadas nessa frase indicam sobre a ciência?

   ☐ Que ela estuda poucas coisas.

   ☐ Que ela estuda muitas coisas.

Ouvindo é que se aprende!

A professora Sara contou para a turma que, no Instituto Butantan, além do soro contra a picada de cobras, também é produzido soro contra a picada de escorpiões.

Os alunos não sabiam que a picada desses animais era perigosa para as pessoas e ficaram um pouco assustados.

Para descontraírem, a professora Sara propôs que brincassem com adivinhas sobre animais. Leia uma delas.

> Ando com a barriga no chão.
> Boto ovos, mas não sou galinha.
> Meu nome começa com a letra C.
> Quem sou eu?

1 Observe as imagens.

- Qual desses animais é a resposta da adivinha que você leu?

2 Circule na adivinha:

a) os pontos-finais com lápis **verde**

b) a vírgula com lápis **azul**.

c) o ponto de interrogação com lápis **vermelho**.

3 Leia novamente a adivinha, prestando atenção à forma como lê.

a) Você leu toda a adivinha sem parar ou fez algumas pausas durante a leitura?

b) Durante a leitura, onde fez uma pausa maior, no ponto-final ou na vírgula?

4 A última frase da adivinha termina com o ponto de interrogação (?). O que esse ponto significa?

☐ Que a frase é uma pergunta.

☐ Que a frase deve ser lida bem alto.

5 Sua professora vai ler uma frase da adivinha com ponto de interrogação no final. E, depois, com ponto-final. Preste atenção!

Meu nome começa com a letra C?

Meu nome começa com a letra C.

- O jeito de ler cada frase é igual ou diferente? Por quê?

6 Escolha algumas adivinhas a seguir para brincar com um colega. Atente para a pontuação.

Depois, tente descobrir a resposta das adivinhas que seu colega vai ler.

Tem olhos de gato e não é gato. O que é?

Anda com os pés na cabeça. O que é?

É verde, mas não é planta. Fala, mas não é gente. O que é?

É pequena e pousa em flor. Não é abelha nem beija-flor. O que é?

Anda com a casa nas costas. O que é?

Faz a casinha de cera. Onde ela vive há doçura. É muito amiga das flores. O que é?

Criando com as palavras!

Verbete de enciclopédia

O texto Ciência e método científico, que você leu, é um verbete de enciclopédia. Você sabe o que é um verbete?

> Os **verbetes** são as entradas de textos que trazem os significados de cada palavra listada em um dicionário ou uma enciclopédia.
>
> **Enciclopédia** é um livro ou um conjunto de livros que reúne os conhecimentos que o ser humano construiu ao longo do tempo ou os conhecimentos sobre algum assunto específico. A enciclopédia pode ser impressa ou digital.

Leia outro verbete de enciclopédia.

Naja

As najas são cobras venenosas que expandem o pescoço na forma de um capuz quando se sentem em perigo. Existem diversas espécies de najas, mas nem todas são da mesma família.

[...]

As najas são geralmente de uma só cor ou manchadas. Seu porte é de médio a grande. A naja-real, ou cobra-real, que vive na Ásia, é a cobra venenosa mais longa do mundo. Ela pode chegar a 5,5 metros de comprimento.

A naja é uma cobra peçonhenta conhecida por dilatar o pescoço quando se sente em perigo.

Quando uma naja se sente ameaçada, ela eleva a cabeça e dilata as costelas que tem no pescoço, esticando a pele para formar o capuz. Alguns tipos de naja têm marcas nele.

[...]

NAJA. In: *Britannica Escola*.
Disponível em: <http://mod.lk/naja>.
Acesso em: 20 jun. 2021.

1 Do que trata esse verbete?

_____

2 Para que esse verbete foi escrito?

☐ Para causar dúvidas no leitor.
☐ Para informar o leitor.
☐ Para assustar o leitor.

3 Pinte os quadrinhos que indicam o que esse verbete de enciclopédia apresenta.

☐ Explicação sobre o que é uma naja.
☐ Foto de uma cobra naja.
☐ Informação sobre a cor e o tamanho das najas.
☐ Reação das najas quando se sentem ameaçadas.
☐ Piada sobre cobras najas.
☐ Um poema sobre a cobra naja.

a) Que tal você e seus colegas criarem uma **Pequena Enciclopédia de Animais**?

b) Cada dupla vai elaborar um verbete sobre o animal que escolher.

c) Depois os verbetes serão reunidos para formar a pequena enciclopédia.

4 Reúna-se com um colega e preparem-se para escrever o verbete.

a) Escolham o animal sobre o qual vocês vão falar.

b) Pesquisem informações sobre o animal escolhido em livros e na internet.

c) Preencham a ficha a seguir com informações que descobrirem sobre ele.

Qual é o nome científico desse animal? _____

Esse animal é mais conhecido por qual nome? _____

Como é o corpo dele? _____

_____

_____

Onde ele vive? _____

_____

O que ele come? _____

_____

O que mais descobrimos de interessante sobre esse animal?

_____

_____

_____

_____

5 Passem a limpo a ficha preenchida em uma folha à parte.

6 Façam uma ilustração desse animal ou colem uma foto dele na página.

7 Depois, juntem todos os verbetes e, com a orientação da professora, façam uma capa para a **Pequena Enciclopédia de Animais**.

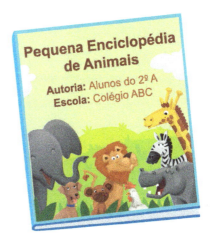

Capítulo 6
Visitando o Jardim Botânico do Rio de Janeiro

Do som à letra!

Os alunos gostaram tanto de aprender sobre ciência que a professora Sara resolveu levá-los ao Jardim Botânico da cidade do Rio de Janeiro.

Antes do passeio, ela leu para a turma um texto sobre esse lugar. Veja.

Tem ciência no jardim

Ótimo lugar para passear, o Jardim Botânico do Rio de Janeiro é também local de pesquisa.

Quem mora na cidade maravilhosa deve saber que um passeio pelo Jardim Botânico do Rio de Janeiro é muito divertido. Mas, além de agradável para o lazer, é também um ótimo lugar para fazer pesquisas, desde a época do império!

Quando foi criado, em 1808, o jardim tinha como objetivo realizar experiências de aclimatação, ou seja, tentar plantar vegetais de outras regiões e adaptá-los ao clima carioca. Durante muito tempo, o local ficou fechado somente para pesquisas e visitas da família real e convidados. Finalmente, em 1822, o Jardim Botânico foi aberto à visitação pública e passou a ser um dos lugares preferidos dos cariocas.

Fachada do Jardim Botânico do Rio de Janeiro.

Porém, mesmo tendo se tornado um local de lazer, o Jardim Botânico continua sendo um lugar de ciência. "Além de pesquisas para conhecer melhor a flora nacional, a instituição realiza estudos voltados à conservação da biodiversidade e à preservação do meio ambiente, sem falar dos programas e atividades de educação ambiental", conta a historiadora Ingrid Casazza.

[...]

Tem ciência no jardim. *Ciência Hoje das Crianças*. Disponível em: <http://mod.lk/jardim>. Acesso em: 2 jun. 2021.

1 Leia o texto.

a) O Jardim Botânico é um lugar de passeio e de pesquisa. O que é estudado nesse lugar e o que se pode ver lá?

b) Você acha que os estudos feitos no Jardim Botânico do Rio de Janeiro são importantes para nós e para o meio ambiente? Por quê?

c) Por que será que o Jardim Botânico se tornou um dos espaços preferidos dos cariocas?

2 Releia este trecho do texto.

Finalmente, em 1822, o Jardim Botânico foi aberto à **visitação pública** e passou a ser um dos lugares preferidos dos cariocas.

- Sublinhe o que significa a expressão em destaque.

Todas as pessoas que desejarem podem visitar o Jardim Botânico.

Somente os cientistas e os professores podem visitar o Jardim Botânico.

3 Leia em voz alta a palavra a seguir.

pública

a) Quantas sílabas essa palavra tem?

b) Fale em voz alta a segunda sílaba dessa palavra.

c) Quantos sons você ouviu? _____

d) Quais letras representam os sons iniciais dessa sílaba? _____

4. Ligue **BL** às vogais.

bl

a   e   i   o   u

a   e   i   o   u

• Que sílabas você formou?

5. Organize as sílabas para formar palavras com **BL**.

sa   blu _____

bli   bi   o   ca   te _____

bli   ne   na _____

BL é um **encontro consonantal**.

BL não se separa na divisão silábica.

6. Circule as palavras que têm o encontro consonantal **BL**.

problema   baleia   balão   bloco   bola

a) Escreva as palavras que você circulou.

_____

b) Separe as sílabas dessas palavras.

_____

c) As consoantes do encontro consonantal **BL** ficaram na mesma sílaba ou em sílabas distintas?

7 Releia um trecho do texto sobre o Jardim Botânico.

> Quando foi criado, em 1808, o jardim tinha como objetivo realizar experiências de aclimatação, ou seja, tentar plantar vegetais de outras regiões e adaptá-los ao clima carioca.

a) Leia esta palavra em voz alta.

aclimatação

b) Separe as sílabas dessa palavra.

_____

c) Fale em voz alta a segunda sílaba dessa palavra.

d) Quantos sons você ouviu? _____

e) Quais letras representam os sons iniciais dessa sílaba? _____

8 Observe a imagem.

a) Escreva o nome do objeto representado pela foto.

_____

b) Separe as sílabas desse nome.

_____

c) As consoantes do encontro consonantal CL ficaram na mesma sílaba ou em sílabas distintas?

> **CL** é um **encontro consonantal**.
>
> **CL** não se separa na divisão silábica.

9 Ligue **CL** às vogais.

cl

cl

a　e　i　o　u

a　e　i　o　u

a) Que sílabas você formou?

b) Complete as palavras abaixo com uma das sílabas que você formou.

_____ ro　　_____ ve　　_____ be

c) Escreva uma frase usando uma das palavras que você completou.

_____

10 Releia em voz alta esta palavra retirada do texto sobre o Jardim Botânico.

flora

a) Separe essa palavra em sílabas. _____

b) Fale em voz alta a primeira sílaba dessa palavra.

c) Circule quantos sons você ouviu nessa sílaba.

1　　2　　3　　4　　5

d) Quais letras representam os sons iniciais dessa sílaba? _____

> **FL** é um **encontro consonantal**.
>
> **FL** não se separa na divisão silábica.

11 Circule as imagens cujos nomes têm **FL**.

- Escreva o nome das figuras que você circulou.

_____

12 Ligue **FL** às vogais.

fl

a e i o u

fl

a e i o u

a) Que sílabas você formou?

b) Escreva outras palavras com as sílabas que você formou.

_____

_____

143

Depois do passeio, os alunos da professora Sara conversaram sobre o que aprenderam no Jardim Botânico.

A professora explicou que o Jardim Botânico do Rio de Janeiro situa-se em área de Mata Atlântica e pediu aos alunos que pesquisassem fotos de plantas e de animais que vivem nessa região.

Veja o que Maria disse ao apresentar a pesquisa de seu grupo.

1) Releia a fala de Maria e observe as imagens.

a) Quais vegetais encontrados na Mata Atlântica Maria pesquisou?

_____

b) E quais animais vivem nesse lugar?

_____

2) Leia devagar a palavra a seguir.

Atlântica

a) Separe essa palavra em sílabas.

b) Fale em voz alta a segunda sílaba dessa palavra.

c) Quais letras representam os sons iniciais dessa sílaba? _____

tl						*tl*				
a	e	i	o	u		*a*	*e*	*i*	*o*	*u*

3) Ligue **TL** às vogais.

a) Que sílabas você formou?

b) Complete a palavra abaixo com uma dessas sílabas.

A _____ TA

c) Circule a imagem que representa a palavra que você completou.

> **TL** é um **encontro consonantal**.
> **TL** não se separa na divisão silábica.

4 Complete as palavras com **BL**, **CL**, **FL** ou **TL**.

corpo a_____ético

arco e _____echa

_____oco de papel

ta_____ete de chocolate

te_____ado de computador

ci_____ista

147

Mata A_____ântica

_____azer de lã

bi_____ioteca

_____ara de ovo

_____oricultura

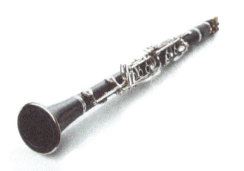
_____arinete

Em muitos **encontros consonantais**, as consoantes não se separam na divisão silábica.

É muito comum esses **encontros** terminarem em **L**, como **CL**, **BL**, **FL**, **TL**.

148

Ouvindo é que se aprende!

Já que os alunos conheceram muitas flores na visita ao Jardim Botânico, a professora Sara quis mostrar à turma uma parlenda de roseira. Veja.

Subi na roseira

Subi na roseira,
Quebrei um galho.
Me segura, Francisco,
Senão eu caio.

Tradição popular.

1 Leia a parlenda em voz alta.

a) Você já conhecia essa parlenda?

b) Você sabe como se brinca com essa parlenda?

2 Leia a parlenda novamente.

a) Circule os sinais de pontuação que aparecem na parlenda.

.   ,   ?   !

b) Qual é o nome desses sinais? _____

c) O que esses sinais indicam para o leitor?

_____

_____

3 Leia o segundo verso da parlenda.

Quebrei um galho.

a) Copie esse verso, trocando o ponto-final . por um ponto de interrogação ? .

_____

b) Leia em voz alta a frase que você escreveu.

c) Essa frase é uma pergunta ou uma afirmação?

d) Quando a frase termina com um ponto de interrogação, como você lê a última palavra?

4 Agora, releia estas frases.

Quebrei um galho.   Quebrei um galho?

a) Qual desses versos mostra que quem recita tem dúvida?

b) Comparando o verso com ponto-final com o verso com ponto de interrogação, você acha que os sinais de pontuação alteram o sentido do texto? Explique.

Vamos praticar?

A parlenda **Subi na roseira** costuma ser cantada em uma brincadeira de corda.

Que tal brincar com seus colegas? Vocês vão precisar de uma corda grande e de um espaço amplo.

COMO BRINCAR

Todos que estão participando da brincadeira devem recitar os versos da parlenda.

Dois colegas começam a bater a corda para outro colega pular.

No verso "Me segura, Francisco", quem está pulando deve chamar um colega para entrar na corda dizendo o nome dele no lugar de *Francisco*.

O colega chamado deve entrar na corda e começar a cantar a parlenda novamente.

O colega que chamou deve sair e ir bater a corda no lugar dos que estavam antes nessa função.

A brincadeira reinicia até que todos tenham pulado a corda.

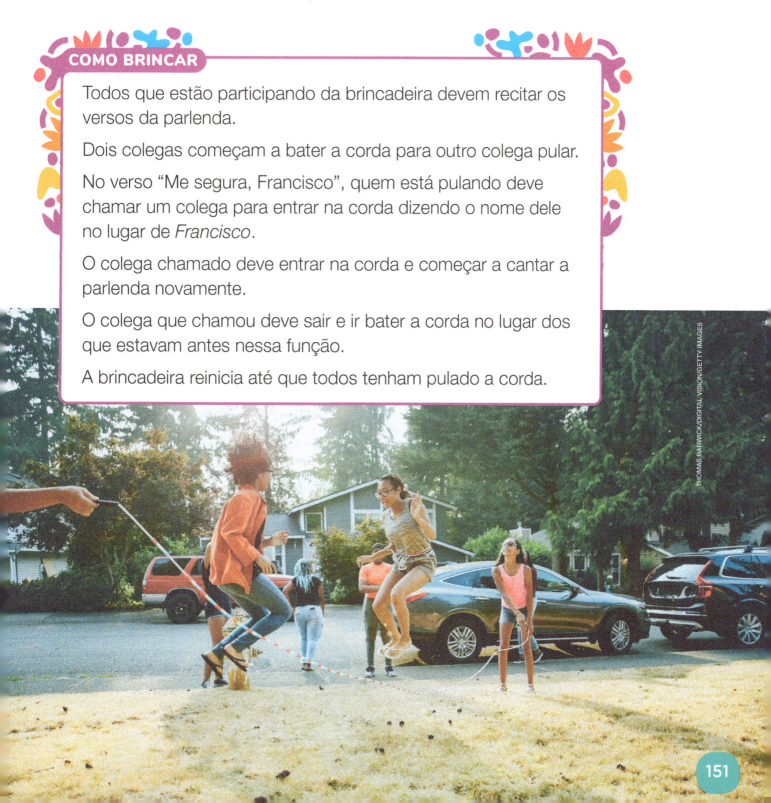

Do som à letra!

A visita ao Jardim Botânico despertou a curiosidade dos alunos da professora Sara sobre alguns assuntos.

Ela contou à turma, então, que pesquisadores da Universidade Federal de Minas Gerais respondem a perguntas de crianças sobre plantas e outros temas através de uma página da internet chamada Universidade das Crianças.

Para exemplificar, a professora Sara mostrou à turma uma dessas perguntas. Veja.

Plantas comem?

Caro(a) leitor(a)!

Vou lhe propor um desafio: olhe ao seu redor. Se você encontrar alguma planta, fique olhando para ela durante alguns minutinhos... Você conseguiu vê-la se alimentando?

Diferente dos seres humanos e dos demais animais, a maioria das plantas são capazes de produzir seu próprio alimento. Isso acontece através de um processo chamado fotossíntese.

Na fotossíntese, as raízes das plantas absorvem água e sais minerais e as folhas absorvem luz do Sol e gás carbônico, um gás presente no ar. Todos esses componentes são, então, combinados e geram a glicose, o alimento das plantas. Como resultado desse evento, as plantas liberam oxigênio, um gás muito importante para os seres vivos.

Todo esse processo acontece no interior das folhas e do caule das plantas, por isso não conseguimos enxergar as plantas se alimentando! [...]

Bruna Dias. Universidade das crianças. *Plantas comem?* Disponível em: <http://mod.lk/aliment>. Acesso em: 3 jun. 2021.

1 Leia o texto.

a) As plantas comem? De que jeito?

b) Por que a água e a luz do Sol são importantes para a planta?

c) É possível ver uma planta se alimentando?

2 Leia em voz alta o nome do alimento que as plantas produzem.

> glicose

a) Separe essa palavra em sílabas.

b) Leia em voz alta a primeira sílaba dessa palavra.

c) Quantos sons você falou?

d) Que letras representam os sons iniciais dessa sílaba? _____

3 Ligue **GL** às vogais.

gl						*gl*				
a	e	i	o	u		a	e	i	o	u

a) Que sílabas você formou?

b) Circule as palavras do quadro em que aparece uma das sílabas que você formou.

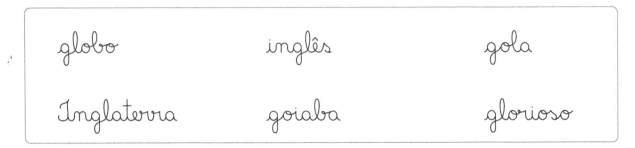

globo   inglês   gola

Inglaterra   goiaba   glorioso

> **GL** é um **encontro consonantal.**
> **GL** não se separa na divisão silábica.

4 Copie as palavras que você circulou na atividade anterior.

_____

_____

a) Separe as sílabas dessas palavras.

b) As consoantes **G** e **L** ficaram na mesma sílaba ou em sílabas distintas?

5 Leia em voz alta estas palavras que aparecem no texto.

planta   exemplo

a) Separe as sílabas dessas palavras.

b) Quais sílabas começam com o mesmo som?

c) Quais são os sons iniciais dessas sílabas?

d) Escreva as letras que representam esses sons. _____

6 Ligue **PL** às vogais.

pl

a   e   i   o   u

pl

a   e   i   o   u

a) Que sílabas você formou?

b) Complete as palavras abaixo com uma das sílabas que você formou.

_____ neta   _____ mas   du _____   tem _____

c) Escreva, com o alfabeto móvel, as palavras que você formou.

d) Separe as sílabas dessas palavras.

e) As consoantes **P** e **L** ficaram na mesma sílaba ou em sílabas distintas?

7 Copie as palavras da atividade anterior ao lado das imagens.

_____ Terra

_____ de aves

_____ de tenistas

_____ chinês

> **PL** é um **encontro consonantal**.
> **PL** não se separa na divisão silábica.

Já que os alunos gostaram tanto de falar sobre plantas, a professora Sara teve a ideia de convidá-los para plantar girassóis no jardim da escola.

Cada aluno plantou um girassol e escolheu um nome para ele. Veja alguns deles.

8 Leia os nomes que as flores receberam.

9 Que nomes você usaria para nomear uma flor?

10 Complete o nome dos girassóis de Iara, Emília, Osvaldo e João.

_ _ _ _ _ ANO   _ _ _ _ TLIM

_ _ _ _ C L A U   _ _ _ _ _ MIR

a) Quais desses nomes começam com o mesmo som?

_____

b) Escreva a primeira sílaba dos nomes que você escreveu.

_____   _____

c) Leia em voz alta essas sílabas.

d) Quais letras representam os sons iniciais dessas sílabas?

_____

11 Ligue **VL** às vogais.

| vl | | vl |

| a   e   i   o   u | | a   e   i   o   u |

• Que sílabas você formou?

EM CASA

Com a ajuda de um familiar, procure em livros ou revistas palavras que tenham os encontros consonantais **CL**, **BL**, **FL**, **TL**, **PL** e **VL**.

Depois, escreva as palavras que você encontrou com seu alfabeto móvel.

158

Palavras e mais palavras...

Assim como os alunos da professora Sara, você já sabe que as plantas precisam da luz solar para realizar a fotossíntese.

Para entender melhor como isso acontece, a professora Sara propôs à turma uma experiência! Veja.

Plantas cheias de luz

[...] A partir de elementos presentes no ar e na água, esses seres [as plantas] geram substâncias próprias para a sua nutrição. Por isso, é quase impossível uma plantinha crescer na ausência de luz.

Já que a sua sobrevivência depende dela, as plantas tendem a buscar pela luz do Sol. Quer observar como isso ocorre? Então, mãos à obra!

Você vai precisar de: um grão de feijão, algodão, água, um copinho, uma caixa de sapato, uma tesoura de pontas arredondadas, fita adesiva.

Primeiro, umedeça um pedaço de algodão com água.

Coloque o algodão umedecido no fundo do copinho e posicione o feijão cuidadosamente sobre ele.

Com a fita adesiva, cole o copinho dentro de um dos lados da caixa de sapatos, evitando colocá-lo no centro.

Recorte um buraco redondo na tampa da caixa, bem na região que fica oposta ao copinho. Esse furo deve medir mais ou menos 5 centímetros de largura.

Agora, deixe a sua caixa com o feijão em um lugar iluminado e lembre-se de molhar o algodão com água todos os dias.

Após mais ou menos uma semana, o que aconteceu? O feijão cresceu? Você observou alguma coisa diferente? [...]

Plantas cheias de luz. *Ciência Hoje das Crianças*. Disponível em: <http://mod.lk/luz>. Acesso em: 6 jun. 2021.

Broto de feijão se desenvolvendo.

1 Leia o texto.

a) Qual é o objetivo do experimento que o texto ensina a fazer?

_____
_____
_____

b) O que você acha que vai acontecer com o feijão plantado?

_____
_____
_____

2 Releia este trecho.

A partir de elementos presentes no ar e na água, esses seres [as plantas] geram substâncias próprias para a sua **nutrição**.

- Qual é o significado de **nutrição**?

☐ Beleza. ☐ Locomoção. ☐ Alimentação.

3. O texto informa que é quase impossível uma planta crescer na ausência de luz.

- Circule a imagem que explica o que significa **ausência de luz**.

4. Releia o que é pedido na experiência com feijão.

   Primeiro, **umedeça** um pedaço de algodão com água.

- Sublinhe a palavra que pode substituir **umedeça** no texto.

    bata   molhe   corte

5. Agora, leia novamente outro trecho.

   Recorte um buraco redondo na tampa da caixa, bem na região que fica **oposta** ao copinho.

- Em qual dessas imagens o buraco da tampa está na região oposta ao copinho? Marque um **X** ao lado dela.

Vamos praticar?

Você viu que os alunos da professora Sara plantaram girassóis no jardim da escola.

E sabe por que essa flor recebeu o nome de **girassol**? Porque ela faz exatamente o que o nome diz: ela gira em busca do Sol.

Em sua fase de crescimento, o girassol acompanha a trajetória do Sol durante o dia. À noite, ele faz o trajeto de volta para aguardar o Sol aparecer de manhã.

E os cientistas descobriram que, depois que essa flor fica adulta e seu desenvolvimento está completo, já não faz mais esse movimento. Não é interessante?

Será que o broto de feijão, para se desenvolver, também busca a luz do Sol? Que tal fazer o experimento?

1. Reúna-se com alguns colegas para fazer o experimento em grupo.

2. Sigam as orientações que estão no texto que vocês leram na página 159.

3. Façam um desenho no caderno a cada dia para mostrar como o grão de feijão está. Lembrem-se de anotar a data.

4. Depois de uma semana, conversem com os colegas e com sua professora sobre o resultado do experimento.

   a) O que aconteceu com o feijão durante a semana?

   b) Por que foi feito um buraco na tampa da caixa?

   c) Qual é a relação entre o buraco na tampa e o modo como o feijão cresceu?

Criando com as palavras!

Relato de experimento

Depois de observarem o crescimento do feijão em direção à luz, os alunos da professora Sara escreveram relatos de experimento.

Relato de experimento é o texto que descreve a realização de um experimento.

Veja o relato que Uriel escreveu.

Importância da luz para as plantas

Objetivo (o que você quer que aconteça): Fazer a planta crescer em direção à luz.

Materiais necessários

- um grão de feijão
- algodão
- água
- copinho plástico
- uma caixa de sapatos com tampa
- tesoura de pontas arredondadas
- fita adesiva

Modo de fazer

1. Molhe um pouco o algodão com água e coloque o feijão em cima dele.
2. Coloque o algodão no fundo do copinho plástico.
3. Cole o copinho em um dos lados da caixa de sapatos com fita adesiva.
4. Faça um buraco na tampa da caixa, no lado oposto ao do copinho.
5. Umedeça o algodão e observe o que acontece todos os dias.
6. Depois de uma semana, observe o que aconteceu com o feijão.

Resultado (o que aconteceu): O pé de feijão cresceu em direção ao buraco da tampa, buscando a luz do Sol.

Conclusão (por que isso aconteceu): As plantas buscam a luz porque precisam dela para sobreviver.

Agora, você vai realizar outro experimento e, depois, escrever um relato contando tudo o que aconteceu.

Leia o texto.

Efeito "canudinho" para colorir flores

Você sabia que as flores podem beber água colorida e mudar de cor? Para observar essa transformação, você vai precisar de flores brancas, vários copos, diferentes tipos de corante alimentício e uma tesoura de pontas arredondadas.

Modo de fazer

- Encha cada copo com água fresca da torneira e coloque algumas gotas de corante alimentício em cada um, até ficar bem concentrado.
- Faça um corte pequeno no caule da flor.
- Coloque uma flor em cada copo e aguarde (quanto maior a temperatura ambiente, menor será o tempo de espera).
- Se quiser que uma mesma flor fique com cores diversas, faça um corte vertical dividindo o caule e coloque cada parte dele em um copo com cor diferente.

O experimento também pode ser realizado com outros vegetais, como folhas de repolho ou talos de salsão. Basta destacá-los ou cortar os talos, colocando cada um em um copo com corante.

[...]

Ciência das plantas: 5 experimentos para fazer com as crianças. *Lunetas*. Disponível em: <http://mod.lk/florcolo>. Acesso em: 7 jun. 2021.

 **1** Reúna-se com alguns colegas para reler o texto e realizar o experimento.

2 O que aconteceu com as flores colocadas na água colorida?

- Por que isso aconteceu?

3 Comece a escrever seu relato sobre esse experimento.

a) Nome do experimento.

_____

b) Objetivo do experimento.

_____

c) Materiais necessários para o experimento.

_____

_____

4 Observe cada etapa do experimento e, com a ajuda da professora, escreva o que deve ser feito em cada momento.

_____

_____

a) Escreva o **resultado** do experimento.

b) Agora, com a ajuda de sua professora, explique por que isso aconteceu, ou seja, a **conclusão** do experimento.

Vamos ler um mito?

A Água: o começo do mundo (Igbo)

Desde o princípio dos tempos o Sol, a Lua e a Água eram grandes amigos e viviam juntos na Terra. O Sol e a Lua sempre visitavam a Água em sua casa, mas ela nunca retribuía a visita.

Um dia, o Sol quis saber qual o motivo, e a Água respondeu que a casa de seus amigos era muito pequena para abrigar todos aqueles que a acompanhariam.

O Sol e a Lua resolveram construir uma grande casa para abrigar a amiga e seus acompanhantes.

Quando terminaram a construção, convidaram a amiga para uma visita. A Água, muito amável, perguntou se tinham certeza de que todos poderiam entrar, e os amigos, orgulhosos, disseram que sim, claro, poderiam todos entrar.

A água foi entrando acompanhada de todos os peixes e uma quantidade incalculável de seres aquáticos. Em segundos, a Água já estava pelos joelhos.

A Água, muito humildemente, perguntou se os amigos tinham certeza de que todos poderiam entrar. Os amigos, mais uma vez, insistiram que sim. A Água continuou a entrar, entrar e entrar.

O Sol e a Lua começaram a ficar preocupados quando a água atingiu o teto. Mas os amigos estavam tão felizes com a visita que continuaram a insistir.

E a Água foi entrando, entrando e entrando, se espalhando por todos os cantos e direções. O Sol e a Lua foram obrigados a subir para o telhado.

A Água foi entrando e inundando e se espalhando e, por fim, obrigou que o Sol e a Lua encontrassem abrigo lá no céu. E lá instalaram sua morada, mas felizes e orgulhosos da visita de sua grande amiga.

Regina Claro. *Encontros de histórias*: do arco-íris à lua. Do Brasil à África. 2. ed. São Paulo: Joaninha Edições, 2018.

Você sabe o que são mitos?

Mitos são histórias criadas pelos povos para explicar fenômenos da natureza e outras questões que existem no mundo, como a origem do ser humano, da vida, do Universo.

Diferentemente da ciência, o mito explica a realidade por meio de histórias fantásticas que apresentam símbolos e, muitas vezes, deuses e heróis.

Todos os povos criam seus mitos, que mostram seu modo de pensar e de viver.

1 Leia atentamente o mito.

a) Quem são as personagens desse mito?

b) Por que a Água nunca visitava seus amigos Sol e Lua?

c) O que o Sol e a Lua fizeram para receber a visita da Água?

d) Quem acompanhou a Água quando ela entrou na casa que seus amigos construíram?

e) A Água foi entrando na casa e se espalhando para todos os cantos. Por causa disso, onde o Sol e a Lua tiveram que ir morar?

2 Sublinhe a frase que mostra o que esse mito explica.

Como a água se espalhou pelo mundo e por que a Lua e o Sol vivem no céu.

Como surgiram os peixes e os outros seres aquáticos.

3 Converse com um colega e ligue cada palavra ao que ela quer dizer.

Incalculável •

• Que vivem na água.

Aquáticos •

• Que não se pode calcular ou contar.

4 Agora releia o mito sozinho, silenciosamente, e avalie sua leitura.

a) Pinte a quantidade de quadrinhos que representa quanto você leu bem, significando 1 quadrinho: "não li muito bem" e 5 quadrinhos: "li muito bem".

Não li muito bem.　　　　　　　　　　Li muito bem.

☐ ☐ ☐ ☐ ☐

b) Agora, pinte a quantidade de quadrinhos que representa quanto você gostou desse mito, significando 1 quadrinho: "não gostei" e 5 quadrinhos: "gostei muito".

Não gostei.　　　　　　　　　　Gostei muito.

☐ ☐ ☐ ☐ ☐

Veja uma dica que Emília deu a Osvaldo para a realização de uma boa leitura.

Preste muita atenção ao que está lendo e leia com calma. Assim será mais fácil entender.

5 Reúna-se com dois colegas.

a) Leiam juntos o mito: cada um lê um parágrafo do texto seguindo a dica da Emília.

b) Depois, leiam o mito inteiro juntos, também seguindo a dica de Emília.

c) Avalie a leitura que fizeram: pinte a quantidade de quadrinhos que representa o quanto vocês leram bem, significando 1 quadrinho: "não lemos muito bem" e 5 quadrinhos: "lemos muito bem".

Não lemos muito bem. ▢ ▢ ▢ ▢ ▢ Lemos muito bem.

6 Leia as palavras abaixo em voz alta, caprichando na leitura.

grandes   casa   Lua   respondeu   espalhando

a) Em quantos segundos você leu todas as palavras? _____

b) Você teve dificuldade em reconhecer alguma das palavras? _____

7 Agora, escolha cinco palavras do texto e copie-as abaixo.

_____

_____

a) Leia em voz alta as palavras que você copiou.

b) Em quantos segundos você leu essas palavras? _____

8 Releia este trecho do mito em voz alta, levando em conta a dica de Emília.

   A Água foi entrando e inundando e se espalhando e, por fim, obrigou que o Sol e a Lua encontrassem abrigo lá no céu. E lá instalaram sua morada, mas felizes e orgulhosos da visita de sua grande amiga.

• Em quantos segundos você leu esse trecho? _____

9 Observe a imagem.

a) Copie aqui a parte do texto que a imagem ilustra.

_____

_____

_____

b) Leia em voz alta o trecho que você copiou.

 c) Em quantos segundos você leu esse trecho? _____

EM CASA

Leia o mito para alguém de sua família.

Depois, pergunte a ele se conhece algum outro mito para vocês lerem juntos.

Unidade 4
Um sarau de fim de ano

Na escola de Vítor e Maria, para encerrar o ano, todas as turmas participam de um sarau, uma reunião em que os participantes declamam poemas, ouvem música e cantam. É um grande encontro com a arte!

- Você já participou de um sarau? Como foi essa experiência?
- Como é feito o encerramento do ano letivo em sua escola?

Capítulo 7

Poesia para todos!

Do som à letra!

Para o sarau de encerramento, a turma do Vítor e da Maria ficou responsável por apresentar poemas. A professora Sara levou diversos livros de poemas para a sala de aula para que os alunos pudessem escolher o que vão apresentar. Ela também leu alguns poemas para a turma.

1 Que tal ler um poema também? Leia o poema abaixo.

O peru

Glu! Glu! Glu!
Abram alas pro peru!

O peru foi a passeio
Pensando que era pavão
Tico-tico riu-se tanto
Que morreu de congestão.

O peru dança de roda
Numa roda de carvão
Quando acaba fica tonto
De quase cair no chão.

O peru se viu um dia
Nas águas do ribeirão
Foi-se olhando foi dizendo
Que beleza de pavão!

Glu! Glu! Glu!
Abram alas pro peru!

Vinicius de Moraes. *A arca de Noé*. São Paulo: Companhia das Letrinhas, 2004. p. 39.

2 Leia o nome das três aves que aparecem no poema.

| peru | pavão | tico-tico |

- Copie o nome de cada uma das aves ao lado da figura correspondente.

_____

_____

_____

3 Leia o poema em voz alta com os colegas.

a) Você conhecia esse poema?

b) Que animal o peru pensou que era?

c) Por que você acha que ele pensou isso?

d) E, na sua opinião, por que o tico-tico riu tanto quando viu o peru?

e) Você gostou do poema?

Poema é um texto literário organizado em versos e estrofes.
Verso é cada uma das linhas de um poema. E **estrofe** é o conjunto de versos.
Um poema pode apresentar também um **refrão**, um conjunto de versos que se repete.

4 Complete as caixinhas com: estrofe ou verso.

O peru foi a passeio
Pensando que era pavão
Tico-tico riu-se tanto
Que morreu de congestão.

- Esse poema tem quantas estrofes?

_____

5 Qual é o refrão do poema "O peru"? Copie-o abaixo.

_____
_____

6 Leia novamente o início do poema:

Glu! Glu! Glu!
Abram alas pro peru!

- Por que o poeta repetiu a palavra **GLU** no início do poema?

☐ Para imitar o som que os perus fazem.

☐ Para indicar que o peru caiu no ribeirão.

Uma palavra que imita um som ou um ruído é chamada de **onomatopeia**. Exemplos: atchim (para imitar o som de um espirro), tique-taque (para imitar o som de um relógio) etc.

7 Releia o poema observando as palavras que rimam. Sublinhe essas palavras.

- Assinale o que você pôde observar.

☐ Todos os versos rimam.

☐ Há estrofes sem rima.

☐ Há palavras que rimam em todas as estrofes.

> Um poema pode apresentar **rimas**. Rimas são sons semelhantes no final das palavras. Geralmente, elas aparecem no final dos versos.

8 Quais são os sons que mais se repetiram nas rimas que você marcou?

_____

- Copie do poema as palavras que apresentam esses sons.

_____

9 Agora, ouça a leitura que sua professora fará das palavras abaixo.

 mão   balão    pão

ILUSTRAÇÕES: CLÁUDIO CHIYO

a) Repita essas palavras em voz alta.

b) Leia novamente essas palavras imaginando que o sinal ~ tenha sido eliminado. O que você observa ao ler essas palavras com esse sinal e sem ele?

10 Leia em voz alta estas palavras.

vila — vilã   lima — limão   poço — poções

11 Escreva uma palavra que termine com ÃE. _____

179

> O **til** (~) é um sinal usado sobre as vogais **A** e **O** para indicar que elas têm som nasal.

12. Leia as palavras abaixo em voz alta. Observe o que acontece com as palavras terminadas em **ÃO** quando são colocadas no plural.

m**ão**s

bal**õe**s

p**ãe**s

> As palavras terminadas em **ÃO** podem formar o plural de três modos: **ÃOS**, **ÕES** e **ÃES**.

13. Escreva as frases colocando as palavras destacadas no plural.

a) Maria sentiu **emoção**.

_____

b) Iara colheu **limão**.

_____

c) Uriel gosta de **cão**.

_____

d) Sara tem **irmão**.

EM CASA

Recorte palavras terminadas em **ÃO**, **ÃOS**, **ÃES** e **ÕES**. Cole-as no caderno e, na sala de aula, compartilhe suas descobertas com os colegas.

Vamos praticar?

A professora Sara perguntou aos alunos se queriam brincar de jogo da memória das rimas. Nesse jogo, em vez de imagens semelhantes, os jogadores têm de encontrar palavras que rimam. Que tal brincar também?

- Destaque as cartas das páginas 235, 237 e 239. Algumas cartas estão em branco para que você crie novos pares de rimas.

COMO BRINCAR

Organizem-se em duplas.

Embaralhem as cartas e disponham-nas sobre a mesa com a face escrita voltada para baixo.

Tirem par ou ímpar para decidir quem vai começar.

Na sua vez, o jogador deve virar duas cartas e verificar se as palavras rimam. Se rimarem, o jogador deve recolher as cartas e virar mais duas cartas.

Se as palavras não rimarem, o jogador deve virá-las para baixo, deixando-as no mesmo lugar, e passar a vez para o próximo jogador.

Vence quem, ao final, tiver conseguido mais pares de palavras que rimam.

Ouvindo é que se aprende!

1. Acompanhe a leitura do poema "O buraco do tatu" que sua professora vai fazer.

O buraco do tatu

O tatu cava um buraco
À procura de uma lebre,
Quando sai pra se coçar,
Já está em Porto Alegre.

O tatu cava um buraco
E fura a terra com gana,
Quando sai pra respirar,
Já está em Copacabana.

O tatu cava um buraco
E retira a terra aos montes,
Quando sai pra beber água,
Já está em Belo Horizonte.

O tatu cava um buraco
Dia e noite, noite e dia,
Quando sai pra descansar,
Já está lá na Bahia.

O tatu cava um buraco,
Tira terra, muita terra,
Quando sai por falta de ar,
Já está na Inglaterra.

O tatu cava um buraco
E some dentro do chão,
Quando sai para respirar,
Já está lá no Japão.

O tatu cava um buraco
Com as garras muito fortes,
Quando quer se refrescar,
Já está no Polo Norte.

O tatu cava um buraco,
Um buraco muito fundo,
Quando sai pra descansar,
Já está no fim do mundo.

O tatu cava um buraco,
Perde o fôlego, geme, sua,
Quando quer voltar atrás,
Leva um susto, está na Lua.

Sérgio Capparelli. *111 poemas para crianças*.
29. ed. Porto Alegre: L&PM, 2020. p. 39.

2 Quantas estrofes tem o poema?

3 Quantos versos há em cada estrofe?

4 Há um verso que se repete em todas as estrofes. Que verso é esse? Copie-o abaixo.

- Em que posição esse verso se repete em cada estrofe?

  ☐ 1º verso.　　☐ 3º verso.

  ☐ 2º verso.　　☐ 4º verso.

5 Releia a primeira estrofe do poema.

O tatu cava um buraco
À procura de uma lebre,
Quando sai pra se coçar,
Já está em Porto Alegre.

a) Observe as partes destacadas. Releia as demais estrofes procurando perceber se essas partes também se repetem e se há alguma mudança.

> A **repetição** da mesma palavra ou de um grupo de palavras no início dos versos é um recurso usado pelo poeta de forma intencional para provocar algum efeito de sentido.

b) Assinale o que anuncia o grupo de palavras **Quando sai** em cada estrofe.

☐ Uma ideia do tatu.   ☐ Um sonho do tatu.

☐ Um desejo ou uma necessidade do tatu.

c) Assinale o que anuncia o grupo de palavras **Já está** em cada estrofe.

☐ O local onde o tatu está.   ☐ O estado emocional do tatu.

d) Ao cavar o buraco, o tatu passou por quais locais?

_____

_____

 e) Você acha que o tatu circulou bastante pelo mundo?

 f) Na sua opinião, qual foi a intenção do poeta em repetir **Quando sai...** e **Já está...**?

6 Circule as palavras que rimam no poema.

- Em cada estrofe, quais são os versos que apresentam rimas?

7 Releia a segunda estrofe.

O tatu cava um buraco
E fura a terra com gana,
Quando sai pra respirar,
Já está em Copacabana.

a) Separe as sílabas de cada palavra da estrofe.

b) Circule as sílabas tônicas.

c) Agora, releia os versos prestando atenção às rimas. Que palavras rimam nessa estrofe?

_____

d) As palavras que rimam nessa estrofe têm sílaba tônica igual?

_____

> Na rima, a identificação total dos sons finais de duas palavras deve ocorrer a partir da vogal tônica de cada uma delas. Por isso, as consoantes diferentes GA e BA (de **ga**-na e Co-pa-ca-**ba**-na) não impedem que as palavras rimem.

Do som à letra!

Nas suas pesquisas para escolher textos para o sarau, a professora Sara e seus alunos encontraram alguns poemas bem interessantes, que combinavam palavras e imagens.

1. Veja três poemas que foram encontrados pela turma da professora Sara.

Poema 1

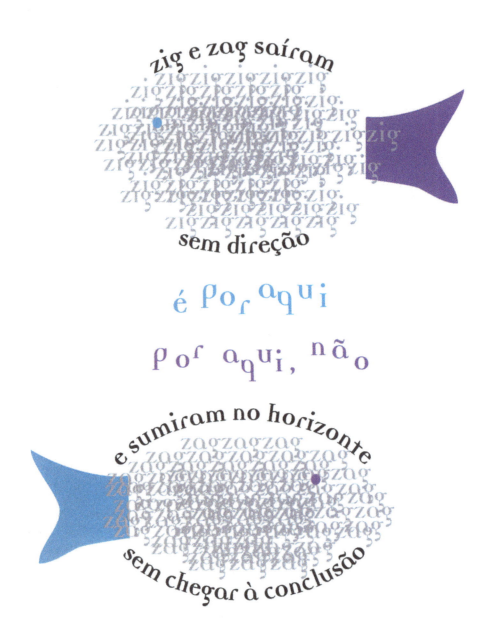

Sérgio Capparelli e Ana Cláudia Gruszynski. *Poesia visual*. 3. ed. São Paulo: Global, 2002.

Poema 2

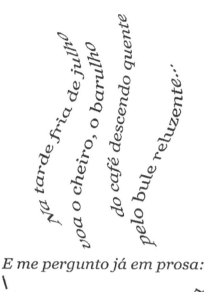

Na tarde fria de julho
voa o cheiro, o barulho
do café descendo quente
pelo bule reluzente...
E me pergunto já em prosa:
— Existe coisa mais gostosa?

Fábio Sexugi. *Xícara*. Disponível em: <http://mod.lk/xicara>. Acesso em: 16 jun. 2021.

Poema 3

FOLHA

V
V E
V E R
V E R D
V E R D E
  E R D E
    R D E
      D E
        E

Fernando Paixão. *Poesia a gente inventa*. São Paulo: FTD, 2019.

2 Leia os poemas em voz alta com os colegas.

a) O que esses poemas têm em comum?

b) No poema 1, que animais são Zig e Zag? Como você percebeu isso?

c) Que imagem é formada no poema 2?

d) E no poema 3, que imagem é formada?

3 Releia o poema 1.

a) Qual dos peixinhos é o Zig? E qual é o Zag? Complete a frase.

_____ é o primeiro peixinho. _____ é o segundo peixinho.

b) Como você chegou a essa conclusão?

_____

_____

c) Qual dos peixinhos diz "É por aqui"? E qual diz "Por aqui, não"? Complete a frase.

_____ diz "É por aqui". _____ diz "Por aqui, não".

d) Como você chegou a essa conclusão?

_____

_____

4 Circule as palavras que rimam no poema 1.

5 Agora, releia os versos do poema 2.

Na tarde fria de julho
voa o cheiro, o barulho
do café descendo quente
pelo bule reluzente...
E me pergunto já em prosa:
— Existe coisa mais gostosa?

a) Copie as palavras que rimam no poema.

_____

_____

_____

b) Complete as frases.

Os primeiros quatro versos formam o desenho da _____.

Os dois últimos versos formam o desenho da _____.

c) Que sinal de pontuação representa a asa da xícara no poema?

_____

6 Releia o poema 3.

a) Qual é a palavra central do poema?

_____

b) Essa palavra tem relação com o desenho que é formado?

c) De que maneira o poeta forma a figura que aparece no poema?

> **Poema visual** é aquele em que as palavras formam imagens. O poeta pode ainda combinar outros elementos – como cores e formas – com as palavras.
>
> Os poemas visuais podem ou não apresentar rimas.

7 Agora, considere os três poemas. Assinale o que você observou em relação a eles.

☐ Os três poemas são visuais.

☐ Os poemas visuais não têm título.

☐ Um poema visual não precisa ter rimas.

8 Converse com os colegas: de qual dos poemas lidos você gostou mais? Por quê?

EM CASA

Mostre para os seus familiares os poemas visuais que você leu e pergunte a eles se já conheciam esse gênero de poemas. Anote a resposta deles no caderno para compartilhar com os colegas.

CLÁUDIO CHIYO

189

Vamos praticar?

Os alunos da professora Sara gostaram tanto dos poemas visuais que ela propôs a eles que criassem os próprios poemas desse gênero. Para despertar a criatividade dos alunos, ela apresentou imagens de animais.

Que tal criar também um poema visual?

1. Observe os animais retratados abaixo.

   a) Note a forma e o tamanho deles, o lugar onde estão e outras características que chamarem sua atenção.

   b) Pense também nos sons que eles emitem. Lembre-se do que você aprendeu sobre as onomatopeias.

   c) Por fim, procure refletir sobre as sensações que eles transmitem a você (medo, tranquilidade, amor, entre outras).

Baleia-piloto.

2. Com base no que você observou, escolha um desses animais para criar um poema sobre ele.

3. Na criação do seu poema, inspire-se nos poemas que leu neste capítulo, mas procure dar à sua produção um toque pessoal.

4. Escreva o poema em uma folha de rascunho e, quando terminar, passe-o a limpo.

5. Mostre seu poema para os colegas e veja as produções deles.

Gaio-azul.

Cão da raça lulu-da-pomerânia.

Leão.

Palavras e mais palavras...

A professora Sara explicou que algumas palavras podem mudar sua terminação para indicar que algo é grande.

1. Observe o **gato** em cada imagem e leia as palavras em voz alta.

gatinho

gatão

a) Qual gato é menor: o gatinho ou o gatão? _____

b) Qual gato é maior: o gatinho ou o gatão? _____

 c) Que mudança aconteceu na palavra **gato** para indicar que houve uma mudança de tamanho?

> O **aumentativo** é usado para indicar que houve um aumento de tamanho. Exemplos: **cachorrão, bonitão**. Pode ser usado também para indicar carinho.
> Exemplo: **amigão**.
>
> Uma das maneiras de formar o aumentativo de uma palavra é acrescentar a terminação **ÃO**.

192

2 Complete a tabela com o aumentativo das palavras indicadas.

	Aumentativo
parede	
dedo	
tesoura	
bola	
cara	
sala	

3 Leia as palavras abaixo e assinale as que estão no aumentativo.

- [ ] pavão
- [ ] chão
- [ ] grandão
- [ ] grão
- [ ] meninão
- [ ] sapão
- [ ] amigão
- [ ] pião
- [ ] balão

4 Leia o poema a seguir.

Leão

Dona Leoa
Disse ao Leão:
Você é um gatão!

Nílson José Machado. *Bichionário*.
São Paulo: Escrituras, 2013. *E-book*.

a) Circule no poema a palavra que está no aumentativo.

b) Converse com os colegas: o que Dona Leoa quis dizer ao chamar o Leão de gatão?

Criando com as palavras!

Poema

Para que os alunos experimentassem a sonoridade das palavras, a professora Sara propôs à turma que produzisse poemas em uma brincadeira poética. Que tal você brincar também?

1. Inicialmente, vocês vão trabalhar em grupos de três ou quatro integrantes.

2. Separem os materiais necessários. Vocês vão precisar de jornais e revistas que possam ser recortados, tesoura com pontas arredondadas, cola e um saquinho de tecido ou papel, além de lápis e uma folha de papel sulfite.

3. Recortem das revistas ou dos jornais palavras que chamem a atenção de vocês – por exemplo, nomes de animais, objetos e sentimentos. É interessante também escolher palavras que rimem. Cada aluno deve selecionar quatro palavras.

4. Coloquem todas as palavras selecionadas pelo grupo no saquinho de papel ou de tecido.

5. Cada membro do grupo, na sua vez, vai sortear quatro palavras. Reservem as palavras sorteadas.

6 Com as palavras sorteadas, vocês vão escrever um poema. Para isso, formem duplas.

7 Cada membro da dupla vai mostrar suas palavras ao outro. Agora é o momento de usar a criatividade e produzir um poema em que essas palavras apareçam. Seu poema pode ter de oito a dez versos e vocês podem dividi-lo em estrofes se acharem necessário.

- Para criar o poema, inspirem-se nos poemas lidos neste capítulo. Se acharem interessante, vocês também podem pesquisar outros poemas e lê-los juntos.

8 Terminado o poema, passem-no a limpo no espaço abaixo.

9 Agora, cada dupla lê para os colegas o poema que criou.

Capítulo 8
É hora do cordel!

Do som à letra!

Uriel contou aos colegas e à professora Sara que seu avô gosta muito de poesia e lhe emprestou alguns livros para ajudá-lo a escolher o poema que vai ler no sarau. Entre os livros que o avô emprestou, havia um que trazia poemas de cordel. Todos na sala ficaram curiosos para ouvir um cordel, e a professora Sara escolheu um para ler para a turma.

1. Acompanhe a leitura que sua professora fará da primeira parte de um cordel.

Você sabe por que é que o sapo não lava o pé?

Tu já deve ter ouvido
que sapo não lava o pé.
E também sabe que ele
não lava porque não quer.
Mas o início dessa história
você sabe como é?

Era uma vez um sapo.
O seu nome? Cururu!
Morava na beira-rio
numa casa de bambu.
Ele adorava cantar
versos de maracatu.

ILUSTRAÇÃO: ANDREA EBERT

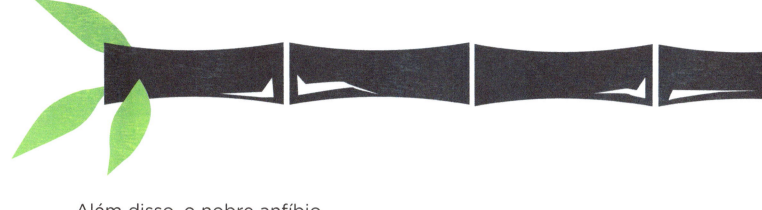

Além disso, o nobre anfíbio
era muito asseado.
Mas seu jeito de limpeza
era um tanto exagerado!
Qualquer sinal de sujeira
o deixava estressado.

Cururu sempre tomava
sete banhos todo dia,
fora as vezes que lavava
suas mãos dentro da pia.
E os pés? Eu nem te conto!
Já me perdi na quantia!

Quando chegava em casa,
antes de ir pro chuveiro,
ele ia para o rio
lavar o seu pé primeiro.
Pois entrar com o pé sujo
deixa o sapo bem cabreiro!

Ele lava entre os dedos,
lava embaixo da unha,
até passa álcool gel
e esfrega sem mumunha.
Demorava duas horas.
Sério! Eu sou testemunha.

Mas o sapo, distraído,
se perdeu no desafio.
Pois a chave da sua casa
caiu no fundo do rio.
Não podia mais entrar!
Sentiu logo um calafrio.

A porta ficou trancada.
Veja só a confusão!
Preso do lado de fora.
Pior não ficava, não!
Mas não é que piorou
com um ronco de um trovão?

O céu, que estava azul,
de repente escureceu.
Com um vento bem gelado,
ele logo estremeceu.
Não havia guarda-chuva,
ele nem se protegeu.

Essa chuva veio forte!
Pobre sapo Cururu...
Logo o frio chegou intenso,
o deixando jururu.
Ficou trancado pra fora
da sua casa de bambu.

[...]

Cristiano Gouveia. *Sete cordéis para sete cantigas*. São Paulo: Ed. do Autor, 2020. p. 39-42.

Ficou curioso para ouvir o final da história? Na próxima leitura, você vai descobrir o que aconteceu com o sapo!

2 Releia o cordel e depois converse com os colegas sobre as questões abaixo.

a) Você já ouviu que o sapo não lava o pé. Essa afirmação faz você se lembrar de alguma coisa?

b) O nome do sapo é Cururu. Você conhece uma cantiga que fala do sapo Cururu? Como ela é?

c) Você já tinha ouvido um cordel? Gosta desse gênero de poesia?

> O **cordel** é um gênero de poesia popular típico do Nordeste brasileiro. Essa poesia é chamada assim porque os versos eram impressos em folhetos que eram vendidos nas feiras pendurados em cordas (ou cordéis).
>
> Ainda hoje encontramos cordéis impressos em folhetos e também publicados em livros – como é o caso do cordel que você leu.

3 O que significam essas palavras encontradas no cordel? Ligue as colunas.

Asseado	Chateado
Cabreiro	Reclamação
Mumunha	Limpo
Jururu	Desconfiado

4 Onde mora o sapo Cururu?

☐ Em uma praia.   ☐ Na beira do rio.

5 Quando chega em casa, o que o sapo faz antes de ir para o chuveiro? Dica: a resposta está na 5ª estrofe.

_____

6 Numere os acontecimentos do cordel na ordem em que ocorreram.

☐ O céu escureceu e começou uma chuva forte.

☐ A chave da casa do sapo caiu no fundo do rio.

☐ O sapo ficou trancado para fora de casa.

☐ O sapo estava lavando o pé no rio.

7 Releia a primeira estrofe do poema.

a) Numere os versos.

>Tu já deve ter ouvido
>que sapo não lava o pé.
>E também sabe que ele
>não lava porque não quer.
>Mas o início dessa história
>você sabe como é?

b) Essa estrofe tem quantos versos?

_____

c) Sublinhe as palavras que rimam nessa estrofe.

d) Observe as palavras que você sublinhou e indique o número dos versos que apresentam rimas: ☐ , ☐ e ☐ .

8 Em dupla, respondam às questões abaixo.

a) Observem o número de versos das demais estrofes do cordel. Elas têm o mesmo número de versos?

b) Circulem as palavras que rimam nas demais estrofes do poema. Elas estão localizadas em quais versos?

c) A terminação das palavras que rimam nas estrofes é sempre a mesma? Deem exemplos.

> As estrofes do cordel que têm seis versos são chamadas de **sextilhas**. Três desses versos apresentam rimas entre si.

9 Converse com os colegas: o que você acha que aconteceu com o sapo Cururu?

10 Leia em voz alta estas palavras.

bambu   anfíbio

a) Agora, releia as palavras separando as sílabas.

b) Qual é o som da letra **A** nessas palavras?

c) Circule as palavras em que a letra **A** tem esse mesmo som.

> campo   bala   cama   manta   ramo
> gigante   mata   criança

11 Escreva outras palavras em que as vogais **E**, **I**, **O** e **U** tenham o mesmo som que nestas palavras do cordel.

Vento: _____

Limpeza: _____

Ronco: _____

Fundo: _____

As letras **M** e **N** em final de sílaba indicam que as vogais **A, E, I, O, U** têm som nasal.

Atenção: usamos sempre a letra **M** antes de **P** e **B**.

Uriel e seus colegas pesquisaram palavras com som nasal escritas com **M** e **N**. A professora Sara fez um quadro na lousa com as palavras que eles encontraram

12 Leia o quadro.

PALAVRAS COM M	PALAVRAS COM N
bombom	canção
combate	cinto
comprar	mandioca
lâmpada	sanfona

a) Complete as palavras abaixo com **M** ou **N**.

a ____ zol   ca ____ pestre   o ____ ça   po ____ ba

tro ____ bone   a ____ jo   si ____ pático   le ____ to

b) Escreva no quadro da professora Sara as palavras que você completou. Fique atento às colunas corretas.

Ouvindo é que se aprende!

Após ouvir o início da história do sapo Cururu, Maria falou para a professora Sara que gostou muito de ouvir uma história contada em versos. A professora disse a ela que essa prática de ouvir histórias em versos é bastante antiga e existe antes da invenção da escrita. Ela também contou à turma que, para memorizar os versos e encantar a plateia, os poetas usam alguns recursos sonoros, como as rimas.

1 Releia esta estrofe do cordel.

Além disso, o nobre anfíbio

era muito asseado.

Mas seu jeito de limpeza

era um tanto exagerado!

Qualquer sinal de sujeira

o deixava estressado.

a) Sublinhe novamente as palavras que rimam nessa estrofe.

b) Você já viu que a palavra **limpo** é um sinônimo da palavra **asseado**. Agora, ligue as palavras abaixo ao seu sinônimo.

Exagerado   **Nervoso**

Estressado   **Excessivo**

c) Substitua, na estrofe, as palavras que rimam por seus sinônimos.

Além disso, o nobre anfíbio

era muito _____.

Mas seu jeito de limpeza

era um tanto _____!

Qualquer sinal de sujeira

o deixava _____.

d) Leia a estrofe alterada. O que mudou em relação à estrofe original?

e) O que você achou dessa mudança?

2 Agora, leia este poema.

Onça

Quem pensa
Que a onça
É mansa
Dança!

Nílson José Machado. *Bichionário*.
São Paulo: Escrituras, 2013. E-book.

a) Assinale o significado da palavra **dança** nesse poema.

☐ Movimenta o corpo ao som de música.

☐ Tem problemas.

b) Você concorda com o autor do poema?

_____

_____

_____

3 Você viu que **M** e **N** em final de sílaba nasalizam as vogais **A, E, I, O, U**. Sublinhe esses casos no poema.

a) Leia o poema em voz alta.

b) Na sua opinião, por que o autor escolheu usar palavras com sons nasais?

> **Para dar sonoridade** ao poema, os poetas usam recursos, como as rimas, e as repetições de sons semelhantes ou iguais, como as que você viu acima.

Do som à letra!

Todos os alunos da professora Sara estavam muito curiosos para ouvir o final do cordel. Ela perguntou o que a turma lembrava da história e, depois dessa conversa, leu o final para eles.

1. Com a ajuda da professora, relembre o que aconteceu na primeira parte da história do sapo Cururu.

2. Acompanhe a leitura da segunda parte do cordel.

[...]

"E agora, o que fazer?
Perdi minha moradia.
Tô molhado, tô com frio.
Que tremenda arrelia!"
Pra chamar alguma ajuda
começou a cantoria.

"Olha o sapo Cururu,
está na beira do rio.
Quando o sapo pula e canta
é porque ele tem frio."
Cantava em alto som,
pois o tempo era bravio!

Quando Cururu achava
que tudo estava perdido,
percebeu que, da estrada,
vinha um som conhecido.
Era sua noiva Gia
que tinha aparecido!

"Cururu, o que é que houve?
Dei um pulo lá no Centro!
Fui comprar uma rendinha
para o nosso casamento.
Não quero ficar viúva!
Sai da chuva! Sai do vento!"

Gia abriu a sua bolsa.
Cururu estava alerta.
Gia pegou seu chaveiro.
Cururu logo se aperta.
Gia então girou a chave,
e a porta estava aberta!

O sapo deu vinte pulos,
numa grande acrobacia.
Ele estava são e salvo
pela sua noiva Gia.
Pôde, enfim, entrar em casa
tremendo de alegria!

Cururu, mais que depressa,
foi tomar um banho quente.
Colocou o seu pijama
e fez cara de contente!
Mas, pensando em toda trama,
decidiu ser mais prudente.

"A partir deste instante,
deixo de ser asseado.
A mania de limpeza
me deixou todo alagado!
Não me limpo mais por nada!
Está dito e assinado!"

Cururu agora vive
sem tomar mais nenhum banho.
Quando tira o sapato
o fedume é tamanho!
É tanta sujeira nele
que eu já nem acompanho.

É por isso que o sapo
não lava mais o seu pé.
Se reclamam, ele diz.
que não lava pois não quer!
E o povo sempre canta:
"Cururu! Mas que chulé!"

Cristiano Gouveia. *Sete cordéis para sete cantigas*. São Paulo: Ed. do Autor, 2020. p. 42-46.

3 Converse com os colegas sobre as questões abaixo.

a) Você e seus colegas tinham adivinhado o que ia acontecer com o sapo? Ou o final da história foi diferente do que vocês tinham imaginado?

b) Por que o sapo deixou de ser asseado?

c) Vocês gostaram da história narrada no cordel?

4 Que personagem apareceu na história e ajudou o sapo?

_____

5 Leia as frases e assinale **V** para as verdadeiras e **F** para as falsas.

☐ O sapo Cururu ficou trancado para fora de casa porque tinha esquecido a chave.

☐ Para conseguir ajuda, Cururu começou a cantar.

☐ A noiva do sapo abriu a porta e Cururu pôde entrar em casa.

☐ Cururu não lava mais o pé porque se machucou no rio.

6 Em dupla, façam o que se pede.

a) Quantos versos tem cada estrofe dessa parte do cordel? Elas têm o mesmo número de versos que as estrofes da primeira parte?

b) Sublinhem as palavras que rimam nas estrofes do poema.

c) As palavras que rimam estão localizadas em quais versos? Isso também acontecia nas estrofes da primeira parte do cordel?

7 Ouça com atenção as palavras que sua professora vai ler.

CASA   DESAFIO   USINA

a) Qual é o som da letra **S** nessas palavras?

b) Observe a posição da letra **S** nessas palavras. Ela está entre:

☐ duas vogais.   ☐ duas consoantes.

208

8 Agora, ouça estas palavras.

        ASSEADO   DEPRESSA   ASSINADO

a) Qual é o som do **SS** nessas palavras?

b) Observe a posição do **SS** nessas palavras. Está entre:

☐ duas vogais.   ☐ duas consoantes.

> A letra **S** representa o som **Z** quando está entre duas vogais.
>
> O grupo **SS** representa o som **S** quando está entre duas vogais. Nunca usamos o **SS** no início de uma palavra.

9 Retire um **S** das palavras abaixo e as escreva no espaço indicado. Depois, leia a palavra em voz alta.

Assa: _____   Pressa: _____   Posse: _____

10 Complete as palavras abaixo com **S** ou **SS**.

fanta __ ia   pa __ ado   pe __ adelo   pa __ arinho

me __ a   pa __ eio   ca __ ulo   pe __ oa

a __ ombração   surpre __ a   a __ im   gro __ elha

a) Leia em voz alta as palavras que você completou.

b) Escolha duas palavras e escreva uma frase com elas.

_____

_____

_____

Vamos praticar?

Maria foi à biblioteca da escola e encontrou alguns cordéis. Ela achou as ilustrações muito interessantes.

A professora Sara explicou que as ilustrações dos cordéis são feitas por meio de uma técnica chamada **xilogravura**. Essa técnica consiste em fazer o desenho sobre madeira, espalhar tinta sobre ele e gravar a imagem no papel, como se fosse um carimbo.

- Que tal aprender uma técnica semelhante à da xilogravura?

COMO BRINCAR

Separe os materiais necessários: bandeja de isopor, folhas de papel colorido, rolo de pintura pequeno, lápis preto, tesoura sem ponta e tinta guache de diversas cores.

1. Recorte as bordas da bandeja, pois você só vai usar a parte plana.

2. Faça um desenho na bandeja forçando bem o lápis, para marcar bem o isopor.

3. Ajuste as bordas da placa, para que o desenho fique com uma moldura bonita depois de estampado.

4. Escolha a cor da tinta e passe com o rolinho na placa de isopor, cobrindo bem toda a superfície.

5. Vire o isopor sobre a folha de papel e faça pressão sobre a placa para transferir o desenho.

6. Retire o isopor com cuidado para não borrar o desenho.

7. Espere secar e está pronto!

ILUSTRAÇÕES: EDNEI MARX

Palavras e mais palavras...

Vítor está escrevendo um texto para expor no sarau, mas está com dúvida em algumas palavras. Vamos ajudá-lo?

Artur e Isadora **atravessarão** ou **atravessaram** a ponte?

1 Ouça com atenção a leitura que sua professora vai fazer das frases abaixo.

Artur e Isadora atravessarão a ponte.

Artur e Isadora atravessaram a ponte.

a) Essas frases querem dizer a mesma coisa? Explique.

b) Copie a frase que expressa cada um dos significados abaixo.

Algo que já aconteceu: _____

Algo que vai acontecer: _____

2 Observe as ilustrações a seguir e complete as frases com as palavras dos quadros. Observe o exemplo.

| comeram | comerão |

As crianças **comerão** pipoca.   As crianças **comeram** pipoca.

| pularam | pularão |

Cururu e Gia _____ no rio.   Cururu e Gia _____ no rio.

| tomaram | tomarão |

Os bebês _____ mamadeira.   Os bebês _____ mamadeira.

| beberam | beberão |

Maria e Vítor _____ água.   Maria e Vítor _____ água.

Criando com as palavras!

Cantigas e poemas

A turma da Maria e do Vítor ficou muito animada com a leitura de tantos poemas e gostou da ideia de expor poemas em cordas.

A professora Sara propôs, então, que eles fizessem um varal de poesias para o sarau.

Prepare-se! Você e mais dois colegas vão criar um poema. Veja este poema que foi inspirado em algumas cantigas.

Minha ciranda

Melancia não é uva,
guaraná não é café,
cocada não é sorvete
nem sanduíche é picolé.

Atirei um limão n'água,
caiu na cabeça da truta.
Os peixinhos reclamaram:
— Joga outro tipo de fruta!

Essa noite eu tive um sonho,
mas que sonho interessante!
Sonhei que viajava
na orelha de um elefante.

Batatinha quando frita,
espalha o cheiro no ar.
A tarde vai caindo,
e a Lua vai brilhar.

Já cantei muitos versinhos,
chegou a minha hora.
Obrigado, minha gente,
digo adeus e vou embora.

Sinval Medina. *Cantisapos, histocarés e cirandefantes*: histórias para contar e cantar. São Paulo: Companhia das Letrinhas, 2014. p. 44-45.

1. Esse poema tem quantas estrofes? ☐

   a) Quantos versos tem cada estrofe? ☐

   b) Sublinhe os versos que rimam em cada estrofe.

2. Você conseguiu identificar alguma cantiga? Qual?

3. Agora, você e mais dois colegas vão pesquisar e escolher uma cantiga (ou mais de uma) e escrever uma nova versão para ela.

   a) Vocês podem criar um poema com uma versão para a cantiga que escolheram.

   b) Podem também fazer como no poema que leram: usar mais de uma cantiga e escrever, em cada estrofe, uma versão para cada uma.

4. Copiem o poema em uma folha avulsa. Caprichem na letra!
   - Vocês podem ainda fazer uma ilustração para o poema.

5. No dia da apresentação, recitem o poema escrito por vocês para os colegas.
   - Recitem ou cantem no mesmo ritmo da cantiga que usaram para escrever a nova versão.

6. Pendurem o poema no varal de poesias da sala. Convidem colegas de outras turmas e, se possível, seus familiares, para que todos possam desfrutar desse momento e se divertir com os poemas criados por vocês.

Vamos ler uma fábula?

O burrico cantor

Carregado ia um burrico muito triste com a vida:
"Pra esta vida cansativa deve haver uma saída!"

À procura de uma ideia pra deixar de trabalhar,
ele ouviu um canarinho lá num galho a cantar.

"Eu já sei como escapar dessa vida atribulada:
vou cantar como o canário pra levar vida folgada!
Vou fazer como ele faz, nunca mais serei tão triste.
Chega de comer capim. Vou comer somente alpiste!"

Desse dia em diante só alpiste ele comia.
E sonhava com sucesso, de esperança ele vivia...

Sem comer como devia, foi ficando bem magrinho:
só comia alpiste e sonho, pra imitar o passarinho.

Quando achou que estava pronto, preparou-se pra cantar,
mas por mais que ele tentasse, conseguia só zurrar!

Foi azar desse burrico esforçar-se por cantar.
Mas seria bem pior se imitasse o passarinho e tentasse até voar!

E lá vem palpite!

No final dessa história, eu queria perguntar:
por que é que um pobre burro também não pode cantar?

Por que é que qualquer um, se tentar com insistência,
não aprende a cantar e alegrar a audiência?

Qualquer um que treinar muito colherá sua vitória.
Por isso eu quero propor outro fim pra essa história:

O burrico foi treinando e aprendendo afinação.
Foi cantando dó-ré-mi, foi compondo uma canção.

Logo mais aconteceu na cidade um festival
e lhe deram até o prêmio de artista original!

Seu sucesso foi tremendo! Virou mais que sensação,
e acabou cantando em rádio e até na televisão!

Que canário canta bem, isso todo mundo sabe,
mas um burro ser cantor é mais do que novidade!

Pedro Bandeira. *Fábulas palpitadas*. São Paulo: Moderna, 2011. p. 12-14.

Você sabe o que é uma fábula?

A **fábula** é um texto que pretende transmitir um ensinamento, uma mensagem de fundo moral. As personagens são, geralmente, animais que têm um comportamento próprio dos seres humanos.

Muitas fábulas que conhecemos foram escritas pelo grego Esopo, que viveu entre os anos 620 e 564 antes de Cristo.

ILUSTRAÇÕES: CLAUDIA MARIANNO

1 Ouça a leitura que sua professora fará da primeira parte do texto.

a) Do que o burro se queixava no início da fábula?

b) O que chamou a atenção do burro e fez com que ele tivesse uma ideia para mudar de vida?

c) Que ideia foi essa?

d) O que o burro fez para pôr essa ideia em prática?

e) O burro teve sucesso na sua ideia para mudar de vida?

2 No texto, há algumas falas do burro.

a) Sublinhe essas falas.

b) Circule os sinais de pontuação que você encontrou nessas falas.

!   ?   .   :   ;   ,   —   " "

c) Leia em voz alta, com os colegas, as falas que você sublinhou.

d) Os sinais de pontuação ajudaram você a saber se o que o burro falava era uma afirmação ou uma pergunta?

3 Se a história acabasse ao término da primeira parte do poema, que mensagem essa fábula transmitiria?

___
___
___
___

4 Ouça a leitura que sua professora fará da segunda parte do texto.

- Você sabe o que é um **palpite**? Por que será que o autor chamou essa parte do poema de "E lá vem palpite!"?

5 Assinale as estrofes que explicam por que o autor propôs um novo final para a história.

☐ No final dessa história, eu queria perguntar:
por que é que um pobre burro também não pode cantar?

☐ Por que é que qualquer um, se tentar com insistência,
não aprende a cantar e alegrar a audiência?

☐ O burrico foi treinando e aprendendo afinação.
Foi cantando dó-ré-mi, foi compondo uma canção.

6 Qual é o fim que o autor propõe para a história?

- Com esse novo final, que mensagem a fábula passou a transmitir? Assinale.

☐ Qualquer um que treinar muito colherá sua vitória.

☐ Seu sucesso foi tremendo! Virou mais que sensação,
e acabou cantando em rádio e até na televisão!

☐ Que canário canta bem, isso todo mundo sabe,
mas um burro ser cantor é mais do que novidade!

CLAUDIA MARIANNO

7 De qual dos dois finais você gostou mais? Por quê?

_____

_____

8 Leia em voz alta, com a professora, a fábula inteira.

a) Você encontrou dificuldade em ler alguma palavra?

b) Circule, no texto, as palavras que achou mais difíceis de ler.

c) Copie essas palavras.

_____

d) Treine a leitura dessas palavras. Se precisar, chame a professora.

9. Agora, leia a fábula sozinho, em voz baixa.

Um pouco boa	Boa	Muito boa

- Como você avalia a sua leitura?

10. Reúna-se com um colega e leiam juntos a fábula.

   a) Depois, leiam um para o outro: um faz a voz do narrador, e o outro faz a voz do burro.

   b) Releiam o texto invertendo os papéis.

11. Veja uma dica que Emília deu a Maria para ler melhor.

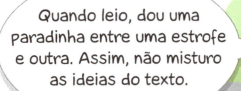

Quando leio, dou uma paradinha entre uma estrofe e outra. Assim, não misturo as ideias do texto.

   a) Leia, com o colega, este trecho da fábula usando a dica de Emília.

   No final dessa história, eu queria perguntar:
   por que é que um pobre burro também não pode cantar?

   Por que é que qualquer um, se tentar com insistência,
   não aprende a cantar e alegrar a audiência?

   b) Usando a dica de Emília, ficou mais fácil organizar as ideias?

   c) Você acha que a pausa ao final dessas estrofes fortalece a expectativa gerada pela pergunta?

12. Agora, troque dicas de leitura com seu colega de dupla.

   a) Escreva uma dica que você deu.

b) Escreva uma dica que você recebeu.

_____

_____

_____

13 Volte ao texto e leia a fábula do começo ao fim novamente, em voz baixa, usando as dicas de Emília e de seu colega.

Um pouco boa	Boa	Muito boa

- Como você avalia a sua leitura?

14 Leia este trecho do texto em voz alta o melhor que puder.

À procura de uma ideia pra deixar de trabalhar,
ele ouviu um canarinho lá num galho a cantar.

"Eu já sei como escapar dessa vida atribulada:
vou cantar como o canário pra levar vida folgada!
Vou fazer como ele faz, nunca mais serei tão triste.
Chega de comer capim. Vou comer somente alpiste!"

Desse dia em diante só alpiste ele comia.
E sonhava com sucesso, de esperança ele vivia...

Sem comer como devia, foi ficando bem magrinho:
só comia alpiste e sonho, pra imitar o passarinho.

Quando achou que estava pronto, preparou-se pra cantar,
mas por mais que ele tentasse, conseguia só zurrar!

a) Em quantos minutos você leu o trecho? _____

b) Teve dificuldade em reconhecer alguma das palavras?

c) Você manteve sua atenção do começo ao fim?

d) Você leu respeitando os sinais de pontuação?

e) Você acha que lendo com expressividade fica mais fácil compreender o texto?

Sugestões de leitura

Veja alguns livros que vão ensinar, divertir e encantar você!

UNIDADE 1

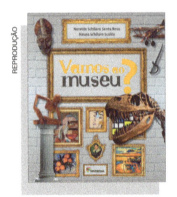

Vamos ao museu?
Nereide Schilaro Santa Rosa e Neusa Schilaro Scaléa. São Paulo: Moderna, 2013.

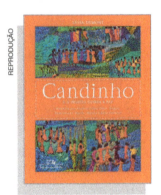

Candinho e o Projeto Guerra e Paz.
Sávia Dumont. São Paulo: Companhia das Letrinhas, 2012.

UNIDADE 2

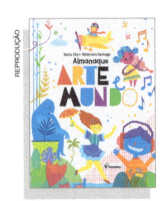

Almanaque Arte e Mundo.
Stella Elia e Weberson Santiago. São Paulo: Moderna, 2021.

O cavalinho azul.
Maria Clara Machado. Rio de Janeiro: Nova Fronteira, 2019.

UNIDADE 3

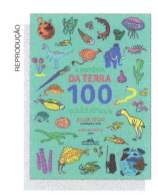

A história da Terra 100 palavras.
Maria Guimarães e Gilles Eduar.
São Paulo: Companhia das Letrinhas, 2019.

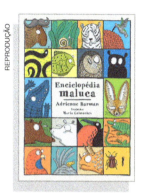

Enciclopédia maluca.
Adrienne Barman. Tradução Maria Guimarães. São Paulo: Livros da Raposa Vermelha, 2015.

UNIDADE 4

Ou isto ou aquilo.
Cecília Meireles.
São Paulo: Global, 2014.

Cantigas por um passarinho à toa.
Manoel de Barros. São Paulo: Companhia das Letrinhas, 2019.

Referências bibliográficas

BANDEIRA, Pedro. *Fábulas palpitadas*. São Paulo: Moderna, 2011.

BARROS, Manoel de. *Memórias inventadas*. Rio de Janeiro: Alfaguara, 2018.

CAPPARELLI, Sérgio. *111 poemas para crianças*. 29. ed. Porto Alegre: L&PM, 2020.

CAPPARELLI, Sérgio; GRUSZYNSKI, Ana Cláudia. *Poesia visual*. 3. ed. São Paulo: Global, 2002.

CLARO, Regina. *Encontros de histórias*: do arco-íris à lua. Do Brasil à África. São Paulo: Joaninha, 2018.

FÁVERO, Alexandre. *Cartilha Brasileira de Teatro de Sombras*. Estudos e propostas para criar e experimentar um teatro de sombras contemporâneo. Porto Alegre: Clube da Sombra e Cia. Teatro Lumbra, 2016.

GOUVEIA, Cristiano. *Sete cordéis para sete cantigas*. São Paulo: Ed. do Autor, 2020.

MACHADO, Maria Clara. *Pluft, o fantasminha e outras peças*. Rio de Janeiro: Nova Fronteira, 2017.

MACHADO, Nílson José. *Bichionário*. São Paulo: Escrituras, 2013. *E-book*.

MEDINA, Silval. *Cantisapos, histocarés e cirandefantes*: histórias para contar e cantar. São Paulo: Companhia das Letrinhas, 2014.

MORAES, Vinicius de. *A arca de Noé*. São Paulo: Companhia das Letrinhas, 2004.

PAIXÃO, Fernando. *Poesia a gente inventa*. São Paulo: FTD, 2019.

ROCHA, Ruth. *Meu amigo dinossauro*. São Paulo: Melhoramentos, 2015.

Consulte o traçado das letras cursivas sempre que precisar.

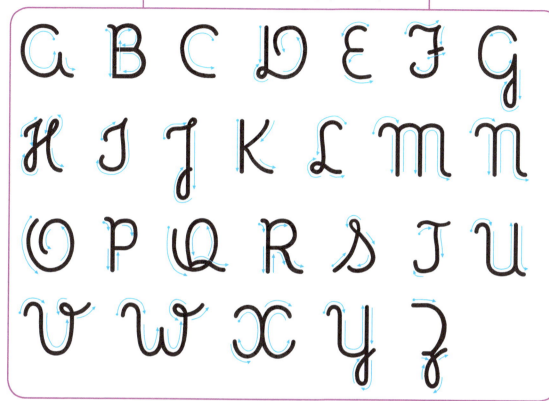

Letras móveis

A	B	C	D
E	F	G	H
I	J	K	L
M	N	O	P
Q	R	S	T
U	V	W	X

Letras móveis

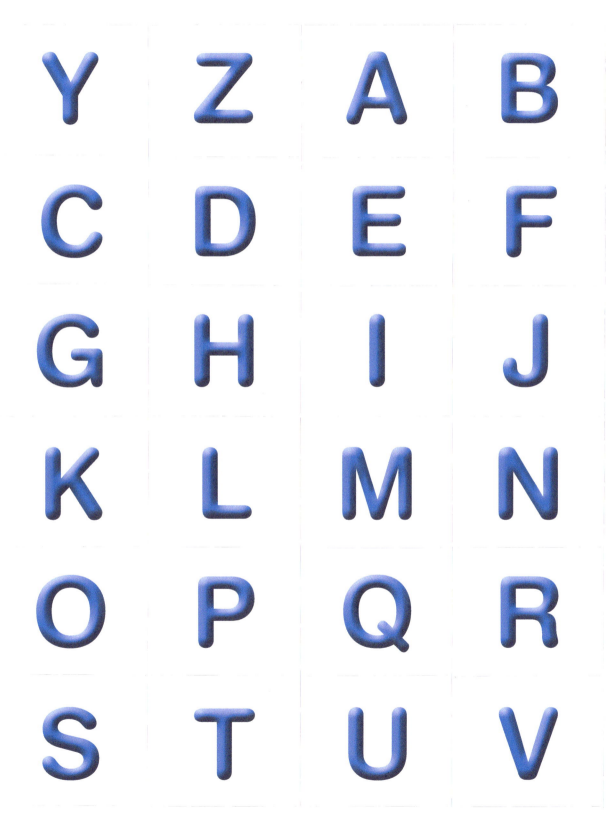

Letras móveis

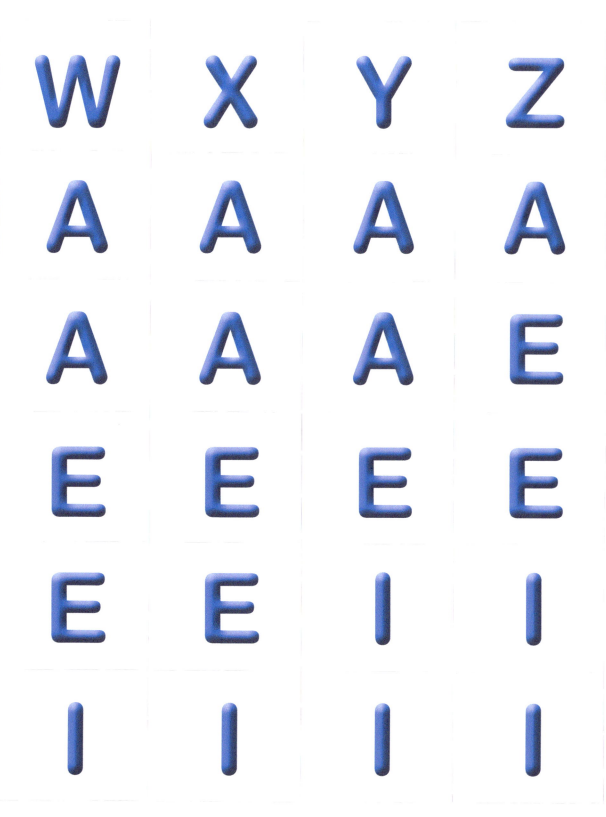

231

Letras móveis

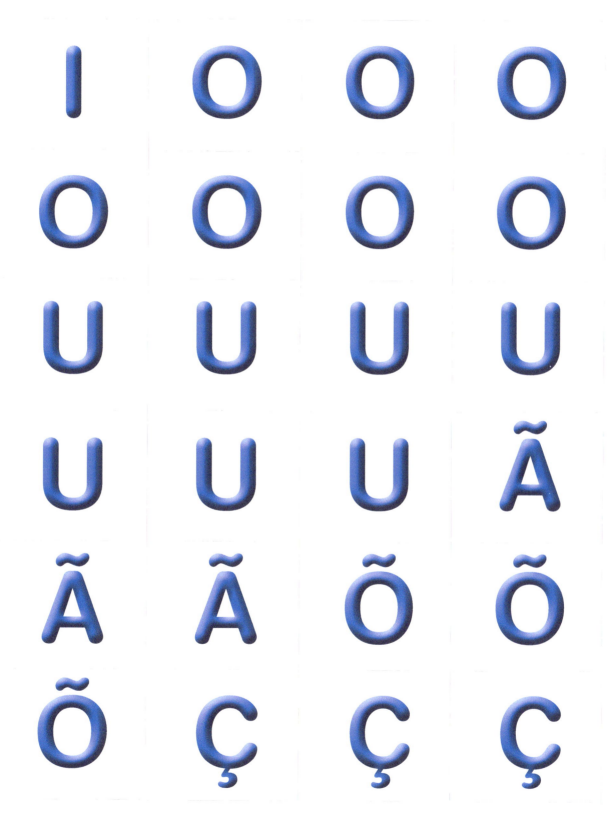

Cartas para o jogo da memória das rimas da página 181.

Unidade 4

OLHO

LEÃO

PIOLHO

FOLHA

AVIÃO

ROLHA

Cartas para o jogo da memória das rimas da página 181.

Unidade 4

GALINHA	PASTEL
FARINHA	VACA
ANEL	POMBA

Cartas para o jogo da memória das rimas da página 181.

Unidade 4

FACA **BOMBA**